Unbeschwert den Urlaub genießen mit

Frankreich-Mobil-Erleben
Reise-Ratgeber

Gute Reise
Bon voyage

BOOKS on DEMAND

Liebe Leserinnen, lieber Leser,

wir freuen uns, Ihre Meinung zu diesem Ratgeber zu erfahren. Bitte schreiben Sie uns, wenn Sie Berichtigungen und Ergänzungsvorschläge haben. Auch für Lob und Kritik sind wir dankbar.

Die Informationen dieses Buches, dazu viele weitere und aktuelle Informationen, erhalten Sie auf unserer Webseite: Frankreich-Mobil-Erleben.de

E-Mail: *info@frankreich-mobil-erleben.de*

In Frankreich ist Ihr

Wohnmobil ein *Camping-car*

und Ihr

Wohnwagen ein *Caravane*

Bienvenue

Die Vorfreude auf die Frankreich-Reise und die Erwartung auf Neues und Unbekanntes wird oft gedämpft durch viele Fragen:

- Was erwartet mich?
- Welche Regeln sind zu beachten?
- Gibt es andere Verkehrsvorschriften?
- Darf mein Hund an den Strand?
- Wie ist das mit den Stell- und Campingplätzen?
- Ist Einkaufen und der Restaurantbesuch einfach?
- Was tun im Notfall?

All diese Fragen und mehr beantworten wir Ihnen in diesem Ratgeber und widerlegen so manche Vorurteile.

Er ersetzt jedoch keinen Reise-, Camping- oder Stellplatzführer.

Wir wünschen Ihnen eine gute Reise und angenehmen Aufenthalt in einem der schönsten Länder Europas und hoffen, dass Sie entspannt und erholt zurückkehren.

Bibliografische Information der Deutschen Nationalbibliothek:
Die Deutsche Nationalbibliothek verzeichnet diese Publikation
in der Deutschen Nationalbibliografie; detaillierte
bibliografische Daten sind im Internet über http://dnb.dnb.de
abrufbar.

© 2018 Claus Schöttle
Frankreich-Mobil-Erleben.de

Illustration: Claus Schöttle

Herstellung und Verlag:
BoD – Books on Demand, Norderstedt

ISBN: 978-3-7528-5934-8

Kapitel-Übersicht

Oben: Paris   Mitte: Le Mont-Saint-Michel   Unten: Étretat

1 Frankreich

Übersicht

Einleitung

Frankreich, eines der größten Länder in Europa, ist ein sehr beliebtes Reiseland vieler Wohnmobilisten und Camper. Nicht ohne Grund, denn eine über 5.500 km lange Küste erwartet Sie mit langen, feinsandigen Stränden, traumhaften Buchten oder schroffen Klippen.

Hinzu kommen noch über 50 Inseln, wovon die größten und beliebtesten Ferieninseln neben Korsika und L'Île d'Hyères im Mittelmeer, L'Île d'Oléron, L'Île de Ré, L'Île de Noirmoutier und La Belle-Île im Atlantik sind.

Die gesamte Artenvielfalt von Fauna und Flora sind hier vereint. Egal, welche Naturlandschaft bevorzugt wird, in Frankreich sind sie alle je nach Region zu finden. Für Strandurlauber die beliebte Mittelmeerküste oder die Küste des etwas kälteren Atlantik mit Ebbe und Flut, für Wanderer die Seealpen im Osten oder die Pyrenäen im Westen; jeder wird fündig.

Auch Kulturliebhaber haben die Qual der Wahl, denn unzählige historische Städte und Orte, Kirchen und Klöster, Burgen und Schlösser wollen im geschichtsreichen Frankreich erkundet werden.

Mit Hotelanlagen zugebaute Küstenstreifen, wie an der spanischen Mittelmeerküste, sind an der Atlantikküste, bis auf wenige Ausnahmen nicht zu erwarten. Nach der Bausünde von Saint-Nazaire wurde die ganze Küste unter Naturschutz gestellt. Hotelanlagen, Hochhäuser und Prachtboulevards sind lediglich in größeren Städten zu finden. Dafür zieren schmucke Ortschaften vor dem Dünengürtel, kleine Feriendörfer und Campingplätze die Küstenlandschaft.

Frankreich ist nicht nur Paris

Vorurteile

gibt es immer. Viele werden gestreut, sobald jemand eine schlechte Erfahrung gemacht hat, die aber meist auf sein eigenes Verhalten oder Unwissen zurückzuführen sind. Andere Länder, andere Sitten, so auch in Frankreich.

Die Franzosen sind unfreundlich

Die Franzosen sind eine nationalbewusste und stolze Bevölkerung, die ihre Sprache, das Französisch, ehren.

Parlez-vous français? Einige Brocken Französisch, besonders die Begrüßungsformeln sollten Sie kennen. Wechseln Sie dann, mangels der Sprachkenntnisse ins Englisch, wird Ihnen freundlich, auch mit «Händen und Füßen» weitergeholfen. Wer jedoch die Ansprache direkt in Deutsch oder Englisch beginnt, hat zu 99% verloren. Viele verstehen und beherrschen die englische Sprache, weigern sich aber, diese zu sprechen.

Höflichkeit wird großgeschrieben; das werden Sie abseits der Innenstädte auch daran merken, dass Sie beim Radfahren oder Spazierengehen von Groß und Klein immer freundlich gegrüßt werden.

Hilfsbereitschaft können Sie von einem Franzosen fast immer erwarten. Schon manche haben die Erfahrung gemacht, dass eigene Landsleute in kleinen und großen Notsituationen gaffend danebenstanden, während Franzosen hilfsbereit mit anpackten.

Frankreich ist ein sehr kinderfreundliches Land. Familien mit Kindern werden auch in Restaurants immer freundlich empfangen und erhalten nicht den Katzentisch in der hinteren Ecke.

Und auch der Hund geht auch nicht leer aus. Nicht nur in Lokalen wird ihm Wasser angeboten, vor Geschäften steht oft ein Wassernapf mit der Aufschrift «Toutou Bar».

Frankreich ist teuer

Teuer ist relativ, je nachdem was man konsumiert und wo man sich aufhält. Wer an der Côte d'Azur am Boulevard sitzt, zahlt sicherlich mehr, als der Urlauber in einem Küstenort in der Bretagne.

Bier und alkoholische Getränke sind außer Wein etwas teurer als in Deutschland, ebenso Eis und Süßigkeiten, und Tabakwaren sind erheblich teurer.

Stell- und Campingplätze sind im «Camperland» Frankreich überwiegend preisgünstiger. Selbst in der Hochsaison gibt es Campingplätze am Meer unter 30 € je Tag.

Beim Restaurantbesuch kommt man in der Regel preiswerter davon als in Deutschland, sofern man einige Tipps befolgt. (s. unter Restaurantbesuch, Seite 98)

Die Grundnahrungsmittel sind fast preisgleich oder minimal teurer, haben aber unseres Erachtens eine weitaus bessere Qualität als in Deutschland.

Fazit:
Im familienfreundlichen Frankreich kann man einen kostengünstigen Urlaub verbringen. Wer jedoch Schickimicki liebt und seinen Urlaub in Cannes oder Saint Tropez verbringt, muss eben tiefer in die Tasche greifen. Am Bodensee ist es auch günstiger als auf Sylt.

Die Nationalsymbole

Die Trikolore
ist Blau-Weiß-Rot und seit 1830 die offizielle Nationalflagge. Es wird vermutet, dass die Flagge auf die Stadtfarben von Paris zurückgeht.

.

Die Marianne
ist die Nationalfigur der Französischen Republik. Seit der Französischen Revolution wurde Marianne zum Symbol der Freiheit. Ihr Kopf schmückt Briefmarken, Münzen, Steuermarken und andere Gegenstände. Die Büsten der Marianne findet man in allen französischen Rathäusern. Sie wird nach Realvorlagen berühmter Schauspielerinnen regelmäßig ausgetauscht.

Der Gallische Hahn
Ist ein typisches Symbol für Frankreich, aber kein offizielles Nationalsymbol. Der Hahn symbolisiert den französischen Volks- charakter: kämpferisch, stolz und selbstbewusst. In der Französischen Revolution zierte er die Heeresfahnen, und der anschließende Versuch Napoleons, den sehr beliebten Gallier-Hahn durch einen Adler zu ersetzen, blieb erfolglos.

Einreisebestimmungen und Dokumente

Ausweis-Pflicht
Als EU-Bürger benötigen Sie zur Einreise nach Frankreich, unabhängig von der Dauer des Aufenthalts, einen gültigen Reisepass oder Personalausweis. Sie sollten ständig ein Ausweisdokument mit sich führen.

Führerschein
Wenn Sie mit Ihrem Auto nach Frankreich einreisen oder sich einen Mietwagen mieten, benötigen Sie einen Europäischen Führerschein. Der rosa deutsche Führerschein wird auch anerkannt.
Achtung: Die deutsche Fahrerlaubnis mit 17 Jahren gilt in Frankreich nicht.

Mitführpflicht im Auto
* Führerschein
  Nicht nur der EU-Führerschein, auch der der alte deutsche Führerschein in grau oder rosa besitzt volle Gültigkeit.
* Zulassungsbescheinigung
* Grüne Versicherungskarte
* Warnweste für alle Insassen (Ahndung mit Bußgeld)
* Warndreieck (Ahndung mit Bußgeld)
* Verbandskasten (Ahndung mit Bußgeld)
* Alkoholtester (2 Stück) Mitführpflicht
  Obwohl das Fehlen nicht mehr mit einer Geldstrafe belegt wird, besteht weiterhin die gesetzliche Mitführpflicht!
  Ohne Alkoholtester muss bei einer Alkoholkontrolle der Test mit 200 – 400 € bezahlt werden. Der Tester ist an Tankstellen, Supermärkten und in Apotheken erhältlich.
* Ersatzglühbirnen (Keine Pflicht, aber Empfehlenswert)
  Bei defekter Beleuchtung:
  Bußgeld bis zu 180 € und Stilllegung des Fahrzeugs
* über 3,5 t: 2 empfehlenswert:
  2 Warndreiecke und eine Pannenleuchte!

Unbedingt empfehlenswert:
Europäischer Unfallbericht. Sie erhalten ihn in allen Sprachen bei Ihrer Versicherung oder dem Automobilclub.

Hunde

 Frankreich ist prinzipiell ein sehr hunde-freundliches Land. Wie bei uns, muss auch hier der Hundekot beseitigt werden (Bußgeld) und Schilder können zum Anleinen verpflichten.

 Der Strand ist für den Hund **nur** Tabu, wenn entsprechende Schilder, oft mit Zeitraumangabe, darauf hinweisen. In vielen Gemeinden besteht während der Saison an den Hauptbadestränden ein generelles Hundeverbot. Abseits davon befinden sich jedoch weitläufige, leere Strände, an denen man auch mit Hund schöne Strandtage verbringen kann.

Einreise:
Der Hund darf nicht jünger als 3 Monate alt sein und muss mittels Tattoo oder Mikrochip identifizierbar sein. Der Europäische Impfpass muss mitgeführt werden, und der Hund benötigt eine gültige Tollwutimpfung (bei Erstimpfung oder Impflücke: Wartezeit 21 Tage). Die 3 Jahre gültigen Tollwutimpfungen sind auch in Frankreich anerkannt, sofern der Impfstoff explizit im Impfpass angegeben ist.

Handelt es sich um einen sogenannten Listenhund, ist die Einreise für ausländische Staatsbürger fast unmöglich.
a) Für Hunde der Kategorie 2 müssen strenge Auflagen erfüllt werden, wie Wohnsitz in Frankreich, Abstammungsnachweis, Sachkundenachweis u.v.m.
b) Hunden der Kategorie 1 ist die Einreise nach Frankreich vollständig verboten.
Erkundigen Sie sich vor Ihrer Einreise bei Ihrem Tierarzt.

Ausführliche Informationen zur Einreise von Haustieren aller Art und Auflistung der verbotenen Hunderassen erhalten Sie im Internet unter:
https://de.ambafrance.org/Haustiere-Einreisebestimmungen

Notfall

Unvorhersehbare Ereignisse können leider immer und überall eintreten.

Polizei
Die Polizeigewalt in Frankreich obliegt der

Gendarmerie
Police municipal
Police national

Für Sie als Urlauber macht es keinen Unterschied, alle sind befugt, sie anzuhalten oder zu kontrollieren.

Ärztliche Versorgung

Ausreichend für die Reise nach Frankreich ist die übliche Reiseapotheke und das Mitführen Ihrer notwendigen Medikamente für die Dauer der Reise. Selbst bei einer Erkrankung muss man sich nicht sorgen. Das französische Gesundheitssystem, die Krankenhäuser und Fachärzte sind genauso professionell wie in Deutschland. Zur Vorsicht kann man aber vor der Abreise (z. B. beim ADAC) eine Ärzteliste der deutsch sprechenden Ärzte am Urlaubsort anfordern.

Die deutsche Gesundheitskarte wird auch in Frankreich anerkannt, sie müssen aber meist im Vorfeld die Arztrechnung begleichen und bei Ihrer Rückkehr nach Deutschland Ihrer Krankenkasse zur Erstattung der Kosten einreichen. Es gibt allerdings auch Kliniken, die direkt mit der Krankenkasse abrechnen. Erkundigen Sie sich vor der Behandlung über die Art der Abrechnung. Sie können sich auch die Kosten über eine französische Krankenkasse vor Ort erstatten lassen.

Da meist nicht die Gesamtkosten erstattet werden, empfehlen wir den Abschluss einer Auslandskranken-versicherung, die den Differenzbetrag abdeckt und im Notfall auch die Kosten für die Rückführung nach Deutschland übernimmt.

Apotheken (Pharmacie)
erkennt man an einem grün blinkenden Kreuz. Wie bei uns hängt am Eingang die Adresse der diensthabenden Apotheke aus, wenn die Apotheke geschlossen hat. In der Regel sind Apotheken von Montag bis Samstag von 8:30 Uhr bis 20:00 Uhr geöffnet.

Rauchen
In Frankreich gibt es per Gesetz ein umfassendes Rauchverbot wie in Deutschland und teilweise sogar an Badestränden.

Achten Sie auf die Verbotsschilder: «Défense de fumer» oder «Interdiction de fumer». Der Verstoß gegen das Rauchverbot wird mit einer Verwarnung in Höhe von 68 € geahndet.

Tabakwaren erhalten Sie nur in Geschäften mit dem Schild «Tabac».

Telefon & Internet

Durch den Wegfall der Roaminggebühren gelten in Frankreich bei Telefonaten mit dem Handy die gleichen Tarife wie in Deutschland.

Die Roamingverordnung soll aber Missbrauch verhindern. Roaminganbieter können zum Beispiel in einem Zeitraum von vier Monaten beobachten, ob der Kunde überwiegend die Mobilfunkdienste im Ausland oder im Inland nutzt. Wer seine SIM-Karte überwiegend im Ausland nutzt, muss dann eventuell einen Aufschlag zahlen.

In Frankreich erhalten Sie neben dem Telefon-Modus «Mobile Daten» auch mit dem Laptop, Smartphone oder Tablet in Internetcafés und bei den Fremdenverkehrsämtern Zugang zum Internet. Aber auch viele Camping- und Stellplätze sowie Restaurants und Cafés bieten kostenloses WLan («WiFi gratuit») an. An öffentlichen Plätzen (Straßen, Bahnhöfen, usw.) stehen teilweise «WiFi-Säulen», wo Sie ebenfalls einen Webzugang erhalten.

Stromversorgung

Die Stromspannung beträgt 220V.

Einen Adapter benötigen Sie nur bei einem Schuko-Stecker (geerdet), beim Flachstecker ist der Adapter nicht nötig.

Für Camper

Auf Stell- und Campingplätzen können Sie überwiegend den bekannten blauen CEE Stecker verwenden, Sie sollten aber trotzdem einen Adapter und Schuko-Stecker mitführen, da teilweise noch herkömmliche Steckdosen verwendet werden. Das Mitführen einer Mehrfachsteckdose oder eines CEE-Verteilers ist jedoch empfehlenswert, da sich oft mehrere Fahrzeuge an eine Steckdose teilen.

Zahlungsmittel

Währung: Euro

Gängige Zahlungsmittel:
- Bar (Espèces)
- Visacard
- Mastercard / Eurocard
- Maestro (ehemals EC-Karte)
- Andere Kreditkarten:
  sind möglich, werden aber nicht überall akzeptiert

Die Barzahlung ist in Frankreich selten geworden. Automaten, auch Maut- und Stellplatzautomaten und Entsorgungsstationen können fast nur noch mit Karte bezahlt werden. Am besten hat sich die VISA bewährt, die bei Kartenzahlung fast überall akzeptiert wird. Die Maestrokarte wird leider nicht überall anerkannt.

Wundern Sie sich nicht, wenn es im Supermarkt einmal etwas länger dauert; hier wird noch die Scheckzahlung (nur frz. Schecks) akzeptiert.

Feiertage
Neujahr
Karfreitag (nur im Elsass!)
Ostermontag
1. Mai
8. Mai (Tag des Waffenstillstands 1945)
Christi Himmelfahrt
Pfingstmontag
14. Juli (Nationalfeiertag)
15. August (Maria Himmelfahrt)
1. November (Allerheiligen)
11. November (Tag des Waffenstillstands 1918)
25. Dezember (Weihnachten)

Schulferien
Alle Zeiten im Internet unter: *www.schulferien.org*

Wetter

Je nach geografischer Lage und Jahreszeit gibt es auch in Frankreich verschiedene Wetterzonen. Man kann jedoch nicht prinzipiell davon ausgehen, dass es am Mittelmeer immer besser ist als am Atlantik. Sicherlich ist das Wasser des Atlantiks kühler, das Wetter ist jedoch im Südwesten (Aquitaine) oftmals genau so gut wie im Süden. Heimtückisch sind aber die Winde, so dass die starke Sonneneinstrahlung nicht zu spüren ist und für einen ungeliebten Sonnenbrand sorgt.

In der Bretagne hingegen, und dafür ist sie bekannt, kann man an einem Tag alle vier Jahreszeiten erleben, und auch der Regen dort hat seine Eigenart. Hier gibt es u. a. den «bretonischen Regen»: Man sieht ihn nicht, aber man fühlt die feinen Regenfäden.

Viele Apps informieren über das Wetter. Vor Ort hat sich der örtliche Wetterbericht (Zeitung oder Aushang am Campingplatz) als ziemlich sichere Vorhersage erwiesen.

averse	Regenschauer
couvert	stark bewölkt
gel	Frost
neige	Schnee
nuageux	bewölkt
orage	Gewitter
peu nuageux	leicht bewölkt
pluie	Regen
pluie est rare	teilweise Regen
soleil	Sonne
verglas	Glatteis

Gefahren des Meeres

Ebbe & Flut
Atlantik- und Nordsee-Urlauber kennen den Gezeitenwechsel, von dem die Mittelmeer-Urlauber nichts mitbekommen. Am Atlantik werden die Gefahren immer wieder unterschätzt. Der Tidenhub (Höhenunterschied zwischen Ebbe und Flut) kann bis zu 14 m betragen, und das Meer zieht sich je nach Region bis zu über 10 km bei Ebbe zurück.

Doch wenn die Flut kommt, ist es für Strand- und Wattwanderer schnell zu spät. Eben noch ein prächtiger Sandstrand und binnen Minuten ist nichts mehr davon zu sehen. Die Gefahr dabei ist, dass das Meer nicht nur von vorne kommt, sondern das Wasser sich auch aus dem Boden hochdrückt und den Rückweg unmöglich macht.

Wir empfehlen daher, sich vor Ort einen Gezeitenkalender (Basses mers oder Horaires de marée) zu besorgen, der in fast allen Geschäften, meist kostenlos, erhältlich ist. Erkundigen Sie sich außerdem, innerhalb welcher Zeit man nach dem Tiefstand zurück sein muss. Je nach Gefälle des Meeresbodens sind hier die Zeiträume sehr unterschiedlich.

Badestrände, Wellen und Strömungen
Während der Sommerferien (Juli-August) werden die Strände überwacht, und der Badebereich wird durch zwei blaue Fahnen begrenzt. Auf diese verschiedenen Flaggen sollten Sie achten:
Grün = Baden zugelassen
Orange = Baden gefährlich (ruhige See, starker Wind)
Rot = Baden verboten bzw. Strand nicht überwacht.

Der Atlantik (speziell in Aquitaine) ist dazu für seine extremen Strömungen und den hohen Wellengang bekannt. Das Paradies für Surfer kann für Schwimmer außerhalb der Badezonen lebensgefährlich sein.

Île d'Oléron

Port Biganos

Île-de-Ré

Die Regionen

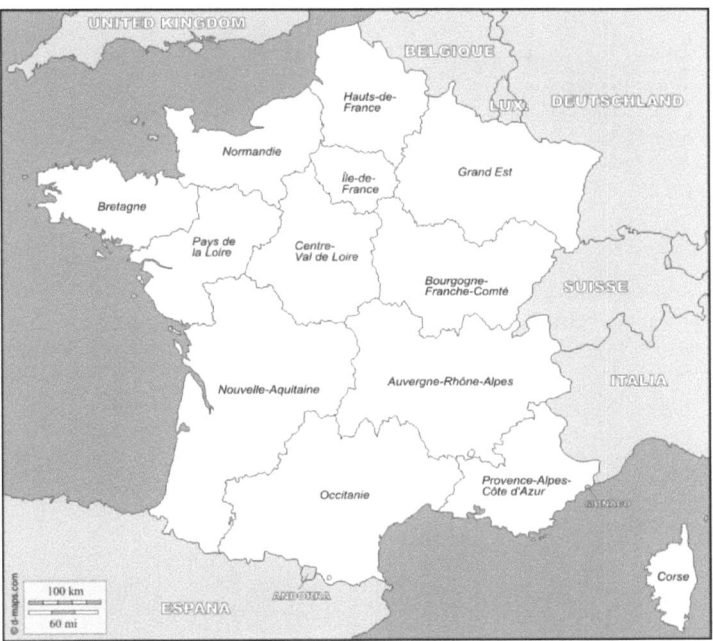

© www.d-maps.com

Frankreich ist in 13 Regionen aufgeteilt

Für jede Region erhalten Sie zahlreiche und ausführliche Reiseführer. Sehr hilfreich und informativ sind im Internet die Seiten der jeweiligen «Office de Tourisme» zu den jeweiligen Regionen.

Die beliebten Urlaubsgebiete sind:
der Westen am Atlantik mit seiner kulissenhaften und abwechslungsreichen Küste, endlosen Sandstränden und traumhaften Buchten, sowie
der Süden am Mittelmeer mit seinem mediterranen Flair, der farbenfrohen Provence, den Hotspots der «Reichen und Schönen» und der Insel Korsika.

Saint-Valery-sur-Somme (Nordfrankreich)

Honfleur (Normandie)

Cap Fréhel (Bretagne)

Nordfrankreich (Hauts-de-France)
«Willkommen bei den Sch'tis»
Ob Opalküste oder das Vogelparadies der Somme-Bucht mit seinen Robbenbänken, Sie dürfen sich auf jeden Fall auf abwechslungsreiche Landschaften und auf die schwimmenden Gärten von Amiens freuen. Auf der Suche nach Ruhe und Entspannung können Sie die langen, feinsandigen Strände und die Wanderwege in den regionalen Naturparks genießen oder die eleganten Badeorte besuchen.

Normandie
Kreidefelsen, Landungsstrände und der Mont-Saint-Michel
Das Land von Cidre, Calvados und Camembert ist aufgeteilt in die Haute- und Basse-Normandie mit der Halbinsel Cotentin. Im Norden beginnt die Normandie mit der Alabasterküste und den spektakulären Kreidefelsen, danach folgt die Heimat von Cidre und Camembert und die Côte de Fleurie mit ihren Jugendstilhäusern und Strandpromenaden. Im Süden schließen sich mit der Perlmuttküste die bekannten, historischen Landungsstrände des D-Day an, bevor die Halbinsel Cotentin mit noch unberührten Sandstränden beginnt. Im Süden bildet der berühmte, im Watt gelegene Klosterberg «Mont-Saint-Michel» die Grenze zur Bretagne.

Bretagne
Kommissar Dupin lässt grüßen
Jeder Urlaub ist zu kurz, um die geschichtsträchtige Bretagne mit ihren wilden Felsküsten und romantischen Stränden und Buchten zu erkunden. Eine atemberaubende Küstenlandschaft mit bis zu 104 m hohen Kaps und über 100 vorgelagerten Inseln, dazu ein legendenreiches Hinterland, das gilt es zu entdecken. Machen Sie eine Zeitreise von prähistorischen Monumenten, den Megalithen, über das Mittelalter und der Renaissance bis zur Neuzeit. Idyllische Dörfer mit Steinhäusern, Städte mit Fachwerkhäusern, Burgen und Schlösser erwarten Sie.

Die Bretagne ist eine der beliebtesten Ferienregionen der Franzosen – ohne Massentourismus. Die Mythen der Kelten, die bretonische Lebensart und die vielfältige Landschaft werden auch Sie verzaubern.

Île de Noirmoutier (Pays de la Loire)

Dune du Pyla (Nouvelle-Aquitaine)

Collioure (Occitanie)

Pays de la Loire
Meer, beschauliche Landschaften und Schlösser
450 km Küste, vorgelagerte Inseln wie die bekannte Île de Noirmoutier und ein reizvolles Hinterland mit den Schlössern im Loiretal, so empfängt Sie das Pays de la Loire. Für Radfahrer ein Paradies mit unendlichen Radwegen. Ob die Salzfelder auf Noirmoutier, das Sumpfgebiet «Marais poitevin», das zu romantischen Bootsfahrten einlädt, oder die traumhaften Buchten, keiner kann dem Charme widerstehen.

Nouvelle-Aquitaine
Strand und Dünen, Berge und Wälder
Nouvelle-Aquitaine ist die größte Region Frankreichs, die dem Urlauber wirklich alles bietet. Seien es die schmucken Inseln Île-de-Ré oder Île d'Oléron, das Weinanbaugebiet Medoc an der Gironde, das historische Tal der Dordogne mit dem Périgord, das traumhafte Becken von Arcachon mit Europas höchster Düne, unendliche Sandstrände bis Biarritz oder die nördlichen Pyrenäen. Unendliche Rad- & Wanderwege, Strände zum Surfen und Baden, Besichtigungen mittelalterlicher Dörfer, Stätten und Burgen, Wälder und Täler; jeder wird hier in einem der größten Weinanbaugebiete nach seinem Geschmack fündig.

Occitanie (Okzitanien)
Ganz mediterran
Die Midi-Pyrénées sind eine beeindruckende Naturlandschaft an der Grenze zu Spanien und Andorra. Mit ihren bis zu 3.300 m hohen Berggipfeln und Schluchten sind sie ein ideales Urlaubsgebiet für Wanderer und Natursuchende.

Das Languedoc-Roussillon, eine der ältesten Kulturlandschaften Frankreichs, ist eine sehr beliebte Urlaubsregion am Mittelmeer. Mit über 300 Sonnenstunden im Jahr warten über 180 km Sandstrand zwischen der Camargue und der spanischen Grenze auf die sonnenhungrigen Urlauber. Das Zirpen der Zikaden, mittelalterliche Dörfer mit mediterranen Märkten und Platanen vermitteln Ihnen, nicht zuletzt mit ausgelassenen Festen, die jahrhundertealte Tradition dieser Region.

Ockerfelsen in der Provence

Mont Blanc Gebirge (Auvergne-Rhône-Alpes)

Château de Chambord (Centre-Val de Loire)

Provence-Alpes-Côte d'Azur
Sonne, Lavendel und Stiere
So lang wie der Name (PACA abgekürzt), so umfangreich sind auch die Naturlandschaften, historischen Städte und Dörfer.

Im Südwesten das Rhône-Delta mit der berühmten, weiten Landschaft der Camargue mit freilaufenden schwarzen Stieren, weißen Pferden und tausenden Flamingos.

Nach Osten hin erstreckt sich dann die mondäne Côte d'Azur, mit eindrucksvollen Buchten der Küstenlandschaft der Calanque bei Cassis und dem roten Massiv de L'Esterel, dazu die Hotspots von Saint-Tropez, Fréjus, Cannes, Nizza und Monaco.

Nicht zu vergessen, die farbenfrohe Provence mit sehenswerten Dörfern und Lavendelfeldern.

Auvergne-Rhône-Alpes
Natur – Berge – Vulkane – Schluchten – Seen – Wälder
Die landschaftlich vielfältigste Region besticht mit einer fast unfassbaren Anzahl Spezies von Fauna und Flora, sie ist das ideale Erholungsgebiet zum Wandern, Mountainbiking, Paragliding, Kajak- und Skifahren und Baden.

Die Auvergne im Herzen Frankreichs beherbergt Europas größten regionalen Naturpark, den «Parc des Volcans d'Auvergne», und das obere Loiretal.

In den Alpen im Osten erwarten Sie nicht nur der berühmte Mont-Blanc, die weltgrößte Skiregion und der bei Radfahrern berüchtigte «Alp d'Huez», sondern auch grandiose Bergtäler.

Zum Süden hin erstreckt sich das fruchtbare und weinreiche Rhônetal, mit der bekannten und viel besuchten Schlucht «Georges d'Ardèche».

Centre-Val de Loire
Das Tal der Schlösser
Das Tal der Loire ist wohl eine der berühmtesten und mit am meisten besuchten Regionen Frankreichs. Die Loire ist mit 1.012 km der größte Strom Frankreichs, umgeben von berühmten und sehenswerten Schlössern. Der natürliche Flusslauf wird nicht beeinflusst. Die Region eignet sich wunderbar für Zwischenstopps mit Sightseeing für die An- und Abreise zum Atlantik und Radfahrtouren.

Schloss Versailles (Île-de-France)

Strasbourg (Grand Est)

Kanal bei Dijon (Bourgogne-Franche-Comté)

Île-de-France
Nicht nur Paris
Île-de-France ist zwar die kleinste Region, aber mit über 12 Mio. Einwohnern die bevölkerungsdichteste. Neben der Hauptstadt Paris, hat die Île-de-France noch mehr zu bieten. Die Region verfügt über eine erstaunliche Landschaftsvielfalt mit insgesamt vier regionalen Naturparks. Hinzu kommen traumhafte Schlösser, wie das allseits bekannte Versailles und der berühmte Wald von Fontainebleau.

Grand Est
Die Rheinebene verbündet mit dem Champagner
Nach den Kriegen gehörten manche Gebiete einmal zu Deutschland und ein anderes mal zu Frankreich. Dies spiegelt sich teilweise auch in der Lebensart wieder.

Das bezaubernde Elsass im Rheintal besticht durch seine historischen Dörfer auf der Weinstraße.

Die Region Lothringen, mit den Vogesen und drei Naturparks, bietet mit Seen und Wasserflächen atemberaubende Panoramen und genügend Wintersport-möglichkeiten.

Dagegen wartet die Champagne-Ardenne nicht nur mit dem Weinanbau und Champagner auf, sondern neben 450 km Radwegen auch mit dem «Lac du Der», dem größten Stausee Frankreichs.

Bourgogne-Franche-Comté
Burgunder Weine, Käse und die Charolais-Rinder
Die Bourgogne, das Land der Herzöge, mit Wäldern und Weinbergen, ist mit zahlreichen Flüssen und Kanälen durchzogen. Ein Reichtum an Kulturschätzen und historische Städte und Dörfer erwarten Sie neben einer erstklassigen, heimischen Küche. Ob mit dem Boot auf Flüssen und Kanälen, zu Fuß oder mit dem Fahrrad, dem Auto oder Wohnmobil, das Burgund lohnt sich wirklich zu erkunden.

Franche-Comté, die beeindruckende, waldreiche Landschaft mit den Naturparks, dem Jura und den Vogesen, ist nicht nur für einen Kurzurlaub oder für den Wintersport geeignet.

Corse (Korsika)
Das «Gebirge im Meer» oder die «Insel der Schönheit»

Die viertgrößte Mittelmeerinsel ragt mit ihrer imposanten Gebirgslandschaft bis zu 2.500 m empor. Daher wird die Insel auch als «Gebirge im Meer» bezeichnet. Die Küstenlänge, mit einem Drittel Strandküste, erstreckt sich auf ca. 1.000 km Länge. Korsika ist per Fähre erreichbar.

Die charaktervolle Insel mit viel geschützter Natur ist für Freiluftsportler ein El Dorado. Naturreservate mit einer artenreichen Flora und Fauna, traumhafte Buchten, kristallklares Wasser und Bergseen können auch auf reizvollen Wanderwegen von Nord nach Süd erkundet werden.

Stellplätze werden für Wohnmobile auf Korsika nur sehr wenige angeboten und Campingplätze sollten vor der Reise gut gewählt werden. Dazu lassen sich nicht alle Straßen mit langen Gespannen oder großen Wohnmobilen befahren. Der Caravan- und Wohnmobilurlaub auf Korsika sollte also gut geplant sein.

Die Departements

Departements sind Gebietskörperschaften (wie bei uns Kreise), die weitgehend in alphabetischer Reihenfolge durchnummeriert sind. In der Regel bilden sie die ersten beiden Stellen bei den Postleitzahlen und bis 2009 auf den KFZ-Kennzeichen die letzten beiden Stellen. Seit 2009 findet man auf den KFZ-Kennzeichen am Ende nur noch im blauen Feld den Eintrag.

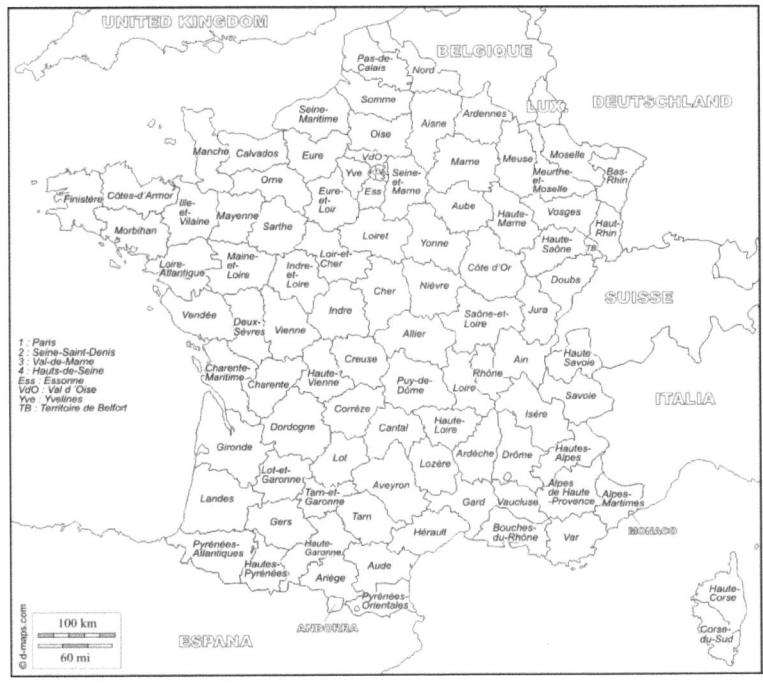

© www.d-maps.com

Angaben ohne Übersee Departements.

Nr.	Departement	Region
1	Ain	Auvergne-Rhône-Alpes
2	Aisne	Hauts-de-France
2A	Corse-du-Sud	Korsika
2B	Haute-Corse	Korsika
3	Allier	Auvergne-Rhône-Alpes
4	Alpes-de-Haute-Provence	Provence-Alpes-Côte d'Azur
5	Hautes-Alpes	Provence-Alpes-Côte d'Azur
6	Alpes-Maritimes	Provence-Alpes-Côte d'Azur
7	Ardèche	Auvergne-Rhône-Alpes
8	Ardennes	Grand Est
9	Ariège	Okzitanien
10	Aube	Grand Est
11	Aude	Okzitanien
12	Aveyron	Okzitanien
13	Bouches-du-Rhône	Provence-Alpes-Côte d'Azur
14	Calvados	Normandie
15	Cantal	Auvergne-Rhône-Alpes
16	Charente	Nouvelle-Aquitaine
17	Charente-Maritime	Nouvelle-Aquitaine
18	Cher	Centre-Val de Loire
19	Corrèze	Nouvelle-Aquitaine
21	Côte-d'Or	Bourgogne-Franche-Comte
22	Côtes-d'Armor	Bretagne
23	Creuse	Nouvelle-Aquitaine
24	Dordogne	Nouvelle-Aquitaine
25	Doubs	Bourgogne-Franche-Comte
26	Drôme	Auvergne-Rhône-Alpes
27	Eure	Normandie
28	Eure-et-Loir	Centre-Val de Loire
29	Finistère	Bretagne
30	Gard	Okzitanien
31	Haute-Garonne	Okzitanien
32	Gers	Okzitanien
33	Gironde	Nouvelle-Aquitaine
34	Hérault	Okzitanien

Nr	Departement	Region
35	Ille-et-Vilaine	Bretagne
36	Indre	Centre-Val de Loire
37	Indre-et-Loire	Centre-Val de Loire
38	Isère	Auvergne-Rhône-Alpes
39	Jura	Bourgogne-Franche-Comte
40	Landes	Nouvelle-Aquitaine
41	Loir-et-Cher	Centre-Val de Loire
42	Loire	Auvergne-Rhône-Alpes
43	Haute-Loire	Auvergne-Rhône-Alpes
44	Loire-Atlantique	Pays de la Loire
45	Loiret	Centre-Val de Loire
46	Lot	Okzitanien
47	Lot-et-Garonne	Nouvelle-Aquitaine
48	Lozère	Okzitanien
49	Maine-et-Loire	Pays de la Loire
50	Manche	Normandie
51	Marne	Grand Est
52	Haute-Marne	Grand Est
53	Mayenne	Pays de la Loire
54	Meurthe-et-Moselle	Grand Est
55	Meuse	Grand Est
56	Morbihan	Bretagne
57	Moselle	Grand Est
58	Nièvre	Bourgogne-Franche-Comte.
59	Nord	Hauts-de-France
60	Oise	Hauts-de-France
61	Orne	Normandie
62	Pas-de-Calais	Hauts-de-France
63	Puy-de-Dôme	Auvergne-Rhône-Alpes
64	Pyrénées-Atlantiques	Nouvelle-Aquitaine
65	Hautes-Pyrénées	Okzitanien
66	Pyrénées-Orientales	Okzitanien
67	Bas-Rhin	Grand Est
68	Haut-Rhin	Grand Est
69	Rhône	Auvergne-Rhône-Alpes

Nr	Departement	Region
70	Haute-Saône	Bourgogne-Franche-Comte
71	Saône-et-Loire	Bourgogne-Franche-Comte
72	Sarthe	Pays de la Loire
73	Savoie	Auvergne-Rhône-Alpes
74	Haute-Savoie	Auvergne-Rhône-Alpes
75	Paris	Île-de-France
76	Seine-Maritime	Normandie
77	Seine-et-Marne	Île-de-France
78	Yvelines	Île-de-France
79	Deux-Sèvres	Nouvelle-Aquitaine
80	Somme	Hauts-de-France
81	Tarn	Okzitanien
82	Tarn-et-Garonne	Okzitanien
83	Var	Provence-Alpes-Côte d'Azur
84	Vaucluse	Provence-Alpes-Côte d'Azur
85	Vendée	Pays de la Loire
86	Vienne	Nouvelle-Aquitaine
87	Haute-Vienne	Nouvelle-Aquitaine
88	Vosges	Grand Est
89	Yonne	Bourgogne-Franche-Comte
90	Territoire de Belfort	Bourgogne-Franche-Comte
91	Essonne	Île-de-France
92	Hauts-de-Seine	Île-de-France
93	Seine-Saint-Denis	Île-de-France
94	Val-de-Marne	Île-de-France
95	Val-d'Oise	Île-de-France

Im französischen KFZ-Nummernschild ist im rechten blauen Feld (freiwillige Basis) das Wappen der Region und das Département abgebildet. Es kann jedoch beliebig gewählt werden und muss nicht mit dem Halterwohnort übereinstimmen.

2 Verkehr

Übersicht

Allgemein

Im Großen und Ganzen gelten in Frankreich die gleichen Verkehrsregeln wie in Deutschland. Ausnahmen sind zum Beispiel:

- Straßenbahnen haben immer Vorfahrt.
- Im Kreisverkehr gelten teilweise andere Regeln. (S. 39)
- In Paris gilt auf der Péripherique (Ringautobahn) das «Rechts vor Links» Prinzip. Wer also auf die Périphérique auffährt, hat Vorfahrt. Staus auf der Beschleunigungsspur verursachen meist Touristen, die warten, bis eine Lücke zur Auffahrt auf die Périphérique groß genug ist, und das kann sehr lange dauern.
- Parkverbote und -zonen werden anders angezeigt. (S. 38)
- Es besteht keine Winterreifenpflicht. Zusatzschilder auf Strecken für Winterreifen (M&S) oder Schneeketten sind jedoch zu beachten. Sie sind überwiegend nur in den Alpen, Pyrenäen, im Zentralmassiv oder in anderen, höher gelegenen Gegenden, wie den Vogesen, zu finden.

Des Weiteren ist zu beachten, dass mit Bußgeld zum Beispiel auch bestraft wird:
- Handynutzung, auch mit Headset
- Essen am Steuer
- Rauchen, wenn Minderjährige im Fahrzeug sind

Hinzu kommen zahlreichen Radarfallen, und die Bußgelder sind erheblich höher als in Deutschland. Bei groben Verstößen und Ahndung vor Ort (z. B. 50 % zu schnell) kann der Führerschein und das Auto direkt von der Polizei beschlagnahmt werden.

Tempolimit

Vorab: Für Fahranfänger (noch keine 2 Jahre im Führerscheinbesitz) gelten die gleichen Geschwindigkeitsbegrenzungen wie für Wohnmobile über 3,5 t!
Zum 1. Juli 2018 wurde die Höchstgeschwindigkeit auf Landstraßen geändert, daher jeweils zwei Angaben.

	PKW, Motorräder, PKW mit Anhänger*, Wohnmobile bis 3,5 t	Wohnmobile und Fahrzeuge **über 3,5 t**	Gespanne und PKW mit Anhänger **über 3,5 t**
Autobahn [bei Regen]	**130** [110]	**110**	**90**
Route National 4spurig [bei Regen]	**110** [100]	**100**	**90**
Route National 2spurig (bis 01.07.2018)	**80** (90)	**80**	**80**
Route Départementale (bis 01.07.2018)	**80** (90)	**80**	**80**
Innerorts	**50**	**50**	**50**

*ACHTUNG Wohnwagen-Gespanne:
Obwohl in Frankreich für Gespanne eine Höchstgeschwindigkeit von 130 km/h gilt, sollte man aus versicherungstechnischen Gründen nicht mehr als 100 km/h fahren. In Deutschland werden Caravans bauartbedingt nur bis 100 km/h zugelassen. Bei einem Unfall muss der deutsche Gespannfahrer ansonsten mit einer Einschränkung der Versicherungsleistung rechnen.

Parken

 Je nach Wochentag, geradem oder ungeradem Datum, Tageszeit oder Zone der Stadt, können die Parkvorschriften variieren und statt Schildern können farbige Kennzeichnungen am Fahrbahnrand ein Park- oder Halteverbot signalisieren.

Prinzipiell besteht ein **absolutes Parkverbot** vor Krankenhäusern, Polizeistationen und Postämtern. Das Parken auf oder teilweise auf dem Bürgersteig, sofern keine Markierung auf eine Parkfläche hinweist, ist ebenso verboten.

Bodenmarkierungen auf der Straße oder am Bordstein:

GELBE Linien:
- durchgezogen am Bordstein = Halteverbot
- gestrichelt = Parkverbot

BLAUE Linien:
- mit oder ohne Zusatz «Zone Bleue» = Parkscheiben-Pflicht
- mit Zusatz «Horodateur» oder «Stationnement payant» oder «Payant» = Zahlung am Parkautomat

 **Besonderheit:**
Vom 1.-15. eines Monats ist das Parken auf der Straßenseite mit den ungeraden Hausnummern und ab dem 16. des Monats nur auf der Seite mit geraden Hausnummern erlaubt.

Auf dem Schild kann sich auch der Hinweis auf die Tage befinden: «Côté stationnement – jours pairs» (gerade Tage) oder «Côté stationnement – jours impairs» (ungerade Tage)

Begriffe
Stationnement interdit = Parkverbot
Horodateur = Parkscheinautomat
Payant = kostenpflichtig
Zone Bleue = Parkscheibenpflicht

Kreisverkehr

Jeder, der schon einmal in Paris den Verkehr am Arc de Triomphe beobachtet hat, wundert sich immer wieder, dass es nicht «knallt». Doch man muss nur die Regeln beherrschen, und man wird bald merken, wie zügig es im Kreisverkehr vorwärts geht. Sofern keine anderen Verkehrszeichen, wie z.B. «Vorfahrt achten» oder «Stopp», an der Kreisverkehr-Einfahrt stehen, haben Fahrzeuge, die in den Kreisverkehr einfahren wollen, Vorfahrt.

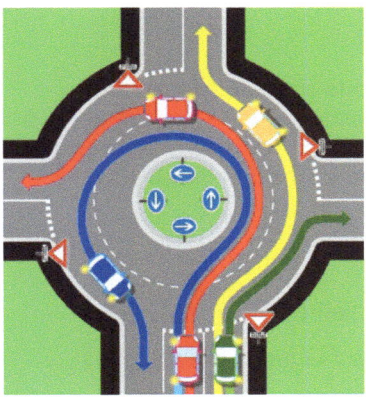

Achtung: Bei mehrspurigen Kreiseln haben Fahrzeuge auf den Innenspuren Vorrang, ein im äußeren Kreis Fahrender muss Rücksicht nehmen! Die meisten Kreisverkehre sind 2-spurig, jedoch sind die Spuren nicht immer durch Markierungen gekennzeichnet.

Beim Einfahren links blinken, wenn man über die Hälfte im Kreisverkehr fahren will; beim Ausfahren vor der gewünschten Ausfahrt dann rechts blinken.

Unser Tipp: Wenn Sie auf der äußeren Spur fahren und an der nächsten Ausfahrt den Kreisel nicht verlassen wollen, setzen Sie zur Vorsicht den Blinker nach links, um dem Fahrer auf der Innenspur und dem einfahrenden Verkehr zu signalisieren, dass Sie im Kreis bleiben.

Tanken

In Frankreich sind alle Tankstellen verpflichtet, ihre aktuellen Kraftstoffpreise zu veröffentlichen. Auf der offiziellen Website *www.prix-carburants.gouv.fr* kann man die aktuellen Preise für die jeweiligen Orte und die dortigen Tankstellen abrufen.

Am günstigsten (teilweise bis zu 10 % billiger) tanken Sie an den großen Supermärkten. Während der normalen Öffnungszeiten können Sie dort meist am Kassenhäuschen bezahlen. Die ansonsten gängigste Zahlung an Tanksäulen (Automat) erfolgt per Kreditkarte, teilweise wird auch die EC-Karte akzeptiert.

Achtung Wohnmobile und Gespanne
Beachten Sie speziell bei Supermarkt-Tankstellen die Durchfahrtshöhe, den Fahrbahnverlauf und die Breite. So mancher hat sich hier schon festgefahren.

Die Kraftstoffsorten

(SP / sans plomb = bleifrei)

- Diesel = Gazole / Gasoil / Diesel

- Benzin = Essence / Benzine sans plomb

- Super verbleit = Super

- Super bleifrei = SP95 (sans plomb 95)

- Super Plus = SP98 (sans plomb 98)

- Biosprit Super E10 = SP95 E10

Autogas = GPL (Gaz de pétrole liquéfié)

Infos zu Autogastankstellen und Gaspreise finden Sie auf der französischen Seite: *http://stations.gpl.online.fr/appli/index.php*

MAUT

Die meisten Autobahnen, sowie einige Brücken, Tunnel und Schnellstraßen sind gebührenpflichtig.
Bevor Sie eine gebührenpflichtige Strecke befahren, kündigt das Schild «Péage» die Mautstrecke an, damit Sie noch die Möglichkeit haben, vor Mautbeginn abzufahren, um z. B. auf einer «Route National» die Mautstrecke zu umfahren.

Mautfreie Autobahn

Kostenpflichtige Strecke (MAUT)

AUSFAHRT

Maut-Einfahrt
Ticket ziehen

Zahlstelle

(Bedeutung der Zeichen siehe Seite 43)

Ordnen Sie sich richtig ein. Jede Spur ist mit der entsprechenden Zahlungsmöglichkeit und der Durchfahrtshöhe gekennzeichnet.

Fahrzeug-Kategorien

Klasse 1

Fahrzeuge mit einer Gesamthöhe von weniger als oder gleich 2 m und höchstzulässigem Gesamtgewicht **bis 3,5 t.**
Gespann mit einer Gesamthöhe von weniger als oder gleich 2 m mit einem Zugfahrzeug und höchstzulässigem Gesamtgewicht **bis 3,5 t.**

Klasse 2

Fahrzeuge mit einer Gesamthöhe von mehr als 2 m, aber weniger als 3 m und höchstzulässigem Gesamtgewicht **bis 3,5 t.**
Gespann mit einer Gesamthöhe von mehr als 2 m, aber weniger als 3 m mit Zugfahrzeug mit einem Gesamtgewicht **bis 3,5 t.**

Klasse 3

Mehrspurige Fahrzeuge mit 2 Achsen, einer Gesamthöhe größer als oder gleich 3 m höchstzulässiges Gesamtgewicht **über 3,5 t.**

Klasse 4

Mehrspurige Fahrzeuge mit 2 Achsen, einer Gesamthöhe bis zu 3 m, höchstzulässiges Gesamtgewicht **über 3,5 t.**
Gespann mit einer Gesamthöhe von mehr als oder gleich 3 m mit Zugfahrzeug mit einem Gesamtgewicht von **über 3,5 t.**

Klasse 5

Motorrad
Motorrad mit Seitenwagen
Trikes

Bedeutung der Schilder

Kassierer
alle Zahlungsarten

**Nur
Münzen**

**Nur
Bargeld**

**Nur
Kreditkarte**

Nur Télépéage
(Bip&Go Box)

Abonnement

ZAHLUNG & Zahlungsarten

Die Zahlungsarten an den Mautstellen sind vielfältig. Die Zahlung erfolgt durch Personal, durch Automaten oder durch das sogenannte «Télépéage». Das «Télépéage» ist eine Art «Abo-System» mit Box und nur für Vielfahrer geeignet.
Der «Normalurlauber» zahlt entweder bar (falls möglich) oder am besten mit Visa- oder Mastercard. Die Maestro-Karte (EC-Karte) wird nicht akzeptiert.

Bip&Go / Télépéage

Auch deutsche Urlauber können sich für wenig Geld die Bip&Go-Box bestellen, sie erspart Wartezeiten bei der Mautdurchfahrt. Erhältlich bei: *www.bipandgo.com/de*
  Achtung: Fahrzeuge und Wohnmobile über 3.5 t und 3 m Höhe (Angaben laut Zulassungsbescheinigung) können Bip&Go nicht verwenden.

Unser Tipp

Wer nicht unbedingt ganz schnell das Ziel erreichen will oder mit einem Wohnmobil unterwegs ist, sollte auf mautfreie Straßen, z.B. auf die Route National, ausweichen. Statt zig Euro an Mautgebühren auszugeben, genießt man «über Land» schönere Strecken und ist meist nicht viel länger unterwegs.

Umwelt-Plakette (Crit'Air)

Die deutsche Umweltplakette hat in Frankreich keine Gültigkeit!

Anfang Juli 2016 wurde in Frankreich die Umwelt- oder Feinstaub-Plakette «Crit'Air» eingeführt. Die Umweltzonen wurden zwischenzeitlich erheblich erweitert, dazu wurden verschiedene Zonen geschaffen.

Seit 01.01.2017 wird beim Befahren einer Umweltzone ohne Plakette ein Bußgeld von 68 € und bis zu 375 € verhängt.

Die Bestellung der frz. Umweltplakette ist NUR ONLINE möglich. Dazu benötigen Sie die Daten aus Ihrer KFZ-Zulassungsbescheinigung (KFZ-Schein). Die Bestellung der Umweltplakette erfolgt unter *www.certificat-air.gouv.fr/de/* über Frankreich und kostet weniger als 5 €. Alternativ kann diese auch bei deutschen Automobilclubs bestellt werden.

Entgegen den in Deutschland bekannten Umweltzonen, gibt es in Frankreich verschiedene Umweltzonen.

Oldtimerfahrzeuge mit deutschem H-Kennzeichen erhalten in Frankreich keinen Sonderstatus und auch keine Plakette.

Absolutes Fahrverbot für Fahrzeuge ohne Plakette gilt prinzipiell für die Zone ZCR. In den Zonen ZPA und ZPAd nur im Falle einer vorübergehenden Vignettenpflicht.

Die Zonen

Zone ZCR

ist eine feste Umweltzone, wie sie in deutschen Städten auch bekannt ist. Das Befahren ist nur mit der entsprechenden Plakette gestattet. Sie gilt z.Z. in den Städten Paris, Grenoble, Lille und Straßburg.

Zone ZPA

ist eine temporäre Umweltzone. Fahrzeuge sollten über eine Crit'Air Vignette verfügen, da schon am 3. Tag einer Luftverschmutzung Fahrverbote ausgerufen werden können. Die Zone findet man meist im Einzugsgebiet von Städten wie Paris, Grenoble, Lille und Straßburg,
In Lyon und Toulouse besteht nur die ZPA und keine ZCR.

Zone ZPAd

ist wie die ZPA eine temporäre Umweltzone, sie gilt aber für das gesamte Departement. Der Präfekt ist nun im Falle einer Luftverschmutzung in der Lage die Vignettenpflicht anzuordnen und die Klassen 4 und 5 oder auch weitere Klassen vom Verkehr auszuschließen.
Entsprechende Nachrichten und Hinweise in den Medien sind zu beachten.
Folgende Departements haben die ZPAd bereits eingeführt: Bouches-du-Rhône, Côte d'Or, Hérault, Savoie, Isère, Maine-et-Loire, Vendée, Eure-et-Loir und Puy-de-Dôme; weitere werden folgen.

Damit Sie immer ständig informiert sind, empfehlen wir Ihnen die App von *www.green-zones.eu*

Panne

Landstraße & innerorts: Warnblinkanlage einschalten, Warnweste anziehen und Warndreieck 50 m hinter dem Fahrzeug aufstellen. Pannenhilfe über die Notrufsäule anfordern. Alternativ können Sie auch direkt über ihren Automobilclub oder KFZ-Versicherer, falls dort ein Schutzbrief besteht, die Pannenhilfe anfordern.

Auf Autobahnen wird es teuer – Keine Pannenhilfe
Im Fall einer Panne haben Sie und alle Mitfahrer das Fahrzeug sofort zu verlassen, alle müssen die gelbe Warnweste tragen und sich hinter die Leitplanke begeben. Hilfe kann nur über die Notrufsäule angefordert werden, nicht über Ihren Automobilclub.
Gehen Sie aber nicht auf der Standspur, das ist verboten. Aus Sicherheitsgründen ist das Aufstellen von Warndreiecken auf Autobahnen untersagt, steht das Pannenfahrzeug aber auf der Fahrbahn (nicht auf der Standspur), muss das Warndreieck aufgestellt werden.
Auf französischen Autobahnen ist die Pannenhilfe, der Pannendienst und privates Abschleppen strikt verboten.
Bis das für den jeweiligen Autobahnabschnitt zuständige Abschleppunternehmen eintrifft, sichert die Polizei das Pannenfahrzeug ab.
Der Abschleppdienst kommt im Normalfall innerhalb 30 Minuten. Die Gebühren sind gesetzlich geregelt, Verhandlungen sind nicht möglich.
Das Pannenfahrzeug wird in der Regel nur bis zur nächsten Werkstatt abgeschleppt. Die Abschleppkosten sind von Ihnen sofort zu begleichen.

Unser Rat:
Erkundigen Sie sich vor der Reise bei Ihrer Versicherung, in welchem Umfang Ihr Fahrzeug durch den Schutzbrief im Ausland versichert ist und bis zu welcher Höhe Abschleppkosten erstattet werden.

Unfall

Wollen wir hoffen, dass es nicht passiert.

Sollten Sie in Frankreich in einen Autounfall verwickelt sein, dann benötigen Sie für die Abwicklung folgende Dokumente:

- Europäischer Unfallbericht (frz. Constat amiable) Er ist in allen Sprachen erhältlich und sollte bei jeder Reise ins europäische Ausland mitgeführt werden. Sie erhalten ihn auf Anfrage bei Ihrer Versicherung.
- Grüne Versicherungskarte

Achtung:
In Frankreich kommt die Polizei nur zur Unfallaufnahme, wenn bei dem Unfall jemand einen körperlichen Schaden erlitten hat bzw. wenn der Verkehr durch den Unfall behindert wird, weil sich die Unfallfahrzeuge nicht bewegen lassen.

Bei Blechschäden sind die Fahrzeuge an die Seite zu fahren, um den laufenden Verkehr nicht zu behindern.

Nach Aufnahme des Unfalls muss der «Europäische Unfallbericht» umgehend der Versicherung zugeschickt werden, die dann die Schuldfrage auf Basis dieses Protokolls festlegt.

Prüfen Sie zur Sicherheit die Angaben zur Versicherung des Unfallgegners über den Zentralruf der Autoversicherer.

Hier die wichtigsten Nummern:

ADAC: +49 89 22 22 22

ACE: +49 711 530 34 35 36

AvD: +49 69 6606 600

Zentralruf der Autoversicherer: +49 40 300 330 300

.

 # Wohnmobile über 3,5 t Besonderheiten

Entgegen der deutschen Verkehrsordnung gelten in Frankreich für Wohnmobile über 3,5 t andere Regeln.

Wohnmobile über 3,5 t sind davon nicht betroffen!

Diese Verbotsschilder gelten nur für den gewerblichen Kraftverkehr über 3,5 t.

So darf man in Frankreich getrost beim «LKW-Überholverbot» überholen, sofern kein zusätzlicher Vermerk angebracht ist. Und auch bei Ortsdurchfahrten, wo oft die obigen Durchfahrtsverbotsschilder stehen, darf man diese ignorieren.

Dieses Verbotsschild gilt auch für Wohnmobile,

sofern kein Zusatz angebracht ist, wie z. B.

«Sauf Camping-Car» (ausgenommen Wohnmobile) oder

«Transit» (betrifft nur den Durchgangsverkehr)
Anmerkung: Dies betrifft Sie nicht, wenn Sie sich die Innenstadt ansehen wollen.

Auf 3-spurigen Straßen dürfen Wohnmobile und Gespanne über 3,5 t sowie Gespanne, die länger als 7 m sind, ausschließlich die zwei rechten Fahrspuren benutzen.

Es hat geblitzt?

Falls Sie mit einem Wohnmobil über 3.5 t. z. B. auf der Autobahn, trotz Einhaltung der Geschwindigkeits- grenze von 110 km/h, geblitzt werden, kann eine Induktionsschleife zur Gewichtsmessung in der Fahrbahn daran schuld sein oder eine Höhenmessung (über 3 m). Für LKW (über 3,5 t) gilt ein Tempolimit von 90 km/h. Sie wurden mit über 3,5 t oder 3 m Höhe und über 90 km/h gemessen. Keine Sorge, anhand des Fotos erkennen die Behörden, dass es sich um ein Wohnmobil handelt und ein Tempolimit von 110 km/h gilt; somit ist keine Post aus Frankreich zu erwarten. Aus diesem Grund müssen u.a. die frz. Fahrzeuge über 3,5 t (auch Wohnmobile) die entsprechenden Geschwindigkeits- Aufkleber am Heck tragen, da überwiegend von hinten geblitzt wird.

Durch die Höhenmessung können je nachdem auch Gespanne mit hohen Aufbauten betroffen sein.

Bußgelder

Nicht nur die Videoüberwachung hat zugenommen, auch die «Blitzer» sind inzwischen inner- und außerorts vermehrt zu finden. Geblitzt wird in Frankreich ohne Toleranzabzug! Die neuen Anlagen sind teilweise schwer zu erkennen, können mehrere Fahrspuren gleichzeitig erfassen und die Fahrzeugart ermitteln. So wird z. B. ein PKW auf der Autobahn bei 130 km/h nicht geblitzt, ein Fahrzeug über 3,5 t hingegen schon. Sie werden feststellen, dass sich die Mehrzahl der französischen Fahrer durch die hohen Bußgelder an das Tempolimit halten.

Achtung: In Frankreich gilt die **Halter-Haftung!** Vergessen Sie daher den Gedanken «Ich bin nicht gefahren», wenn Sie von hinten geblitzt werden, was in Frankreich überwiegend üblich ist. Nur wenn Sie von der Police oder Gendarmerie angehalten werden, haftet der Fahrer.

Mitführpflicht im Auto: beachten Sie bitte Seite 12.
Bei Verstößen drohen auch hier Bußgelder.

Alkoholtester
Es besteht eine Mitführpflicht, obwohl die Missachtung kein Bußgeld nach sich zieht, jedoch mit einer Verwarnung geahndet wird. Der Tester muss unbenutzt und das angegebene Haltbarkeitsdatum darf nicht überschritten sein.

Strafmandat für Essen?
Ja! Nicht nur das Telefonieren am Steuer ist verboten, sondern auch Essen, Schminken, Headsets und das Rauchen, wenn Minderjährige an Bord sind. Durch die Vielzahl der Videoüberwachung, nicht nur auf Autobahnen, werden solche «Sünder» erfasst und erhalten einen schriftlichen Bußgeldbescheid. Beißen Sie als Fahrer während der Fahrt nicht in Ihren Burger, es kann Ihnen zum Verhängnis werden. Auch diese Bußgelder werden von deutschen Behörden für die französischen Behörden eingezogen. Nicht nur bei Mautbrücken wird gefilmt, auch auf Landstraßen und in der Stadt.

Auszug aus der französischen Bußgeld-Tabelle (ohne Gewähr)

Vergehen	Strafe
Falschparken	ab 15 €
fehlende Umweltplakette	68 - 375 €
Kinder unter 10 Jahren auf dem Beifahrersitz	ab 90 €
unter 20 km/h zu schnell außerorts	68 - 180 €
defekte Beleuchtung	bis 380 €
unter 20 km/h zu schnell innerorts	135 - 375 €
zwischen 20 und 49 km/h zu schnell	135 - 375 €
mindestens 50 km/h zu schnell	bis 1.500 €
Navigationsgerät mit Radarwarner	bis 1.500 €
Rauchen im Auto bei Anwesenheit von Minderjährigen	68 €
Essen am Steuer	75 €
Telefonieren am Steuer, auch mit Headset	135 €
Kopfhörer oder Ohrstöpsel am Steuer tragen	135 €
Schminken am Steuer (auch an der Ampel)	75 €
ohne Warndreieck und/oder Warnweste	135 €
Handy am Steuer	135 €
ohne Gurt (pro Person)	135 €
Alkohol am Steuer (0,5 bis 0,8 Promille)	135 €
Alkohol am Steuer (über 0,8 Promille)	4.500 €, 2 Jahre Haft
Drogen am Steuer	4.500 €, 2 Jahre Haft

Vollstreckung in Deutschland

Bußgelder können nach EU-Recht auch in Deutschland vollstreckt werden. Die deutschen Behörden werden dann Ihr «Urlaubsknöllchen» eintreiben. Wer nicht bezahlt, kann mit einem gerichtlichen Verfahren rechnen. Wird das Bußgeld nicht bezahlt, droht bei erneuter Einreise die Konfiszierung des Fahrzeugs.

Bei groben Verstößen und Ahndung vor Ort (z. B. 50 % zu schnell) kann der Führerschein und das Auto direkt von der Polizei beschlagnahmt werden.

Zahlung & Besonderheiten

Wer z. B. unter 20 km/h zu schnell war und einen Bußgeldbescheid von 68 € erhält, muss bei sofortiger Zahlung nur 45 € zahlen. Dieser «Rabatt» ist auf dem Bußgeldbescheid, sofern das Bußgeld unter 100 € beträgt, vermerkt. Bei Nichtzahlung und Anmahnung kann sich der Betrag verdreifachen. Im Extremfall wird bei Zahlungsverzug bei der nächsten Einreise das Fahrzeug beschlagnahmt.

Strafzettel wegen Falschparkens

Findet man bei Rückkehr zum Fahrzeug einen Strafzettel wegen Falschparkens vor, kann dieser über das Internet unter *www.amendes.gouv.fr/portail/index.jsp* beglichen werden oder man kauft vor Ort im «TABAC»-Laden die entsprechende Steuermarke (timbre fiscal), klebt diese auf das Knöllchen und wirft sie in den Briefkasten.

Übersetzung der wichtigsten Verkehrs- und Hinweisschilder

Damit Anzeigen auf Verkehrstafeln und Hinweistexte auf Verkehrsschilder keine Rätsel aufgeben:

Aire de...	Rastplatz
BIS	Nebenstrecke bzw. alternative Strecke
Bouchon	Stau
Bourg	als Zusatz zum Ortsnamen = Hauptort der Gemeinde
Camion	LKW
Carrefour	Kreuzung
Centre-Ville	Stadtmitte
Chaussée déformée	schlechte Fahrbahndecke
Chaussée dégradée	Fahrbahnschäden
Déviation	Umleitung
en temps de Brouillard	bei Nebel
en temps de Neige	bei Schnee
en temps de pluie	bei Regen (Nässe)
en temps de Verglas	bei Glatteis
Feu	Ampel
Gravillon	Rollsplitt
Horodateur	Parkschein-Automat
Impasse	Sackgasse
Interdiction de stationner	Halten / Parken verboten
Interdit	verboten
Livraison	Anlieferverkehr

Office de tourisme	Fremdenverkehrsamt
Passage interdit	Durchfahrt verboten
Prochaine sortie	nächste Ausfahrt
Ralentir	Langsam fahren!
Rappel	Erinnerung, Mahnung
Rond-point	Kreisverkehr
Roulez au pas	Schritt fahren
Route inondable par temps de pluie	Überschwemmungs-gefahr bei Regen
Sauf (z.B. Sauf Vélo)	ausgenommen (ausgenommen Fahrräder)
Serrez a Droite	rechts fahren
Sortie	Ausfahrt
Sortie Usine	Werksausfahrt
Suivre	…folgen Sie…
Stationnement interdit	Parkverbot
Syndicat d'initiative	Fremdenverkehrsamt
Toutes Directions	alle Richtungen
Travaux	Baustelle
Véhicule lents	langsame Fahrzeuge
Verglas fréquent	häufig Glatteis
Y Compris	einschließlich
Zone Bleue	Parkscheibenpflicht

3 Die Ver- und Entsorgung (V+E)

Übersicht

Die Entsorgungsstationen (Aires de Services)

Aire Services   *Euro-Relais*

Flot Bleu

Die oben abgebildeten Systeme «AireServices» und «EURO RELAIS» (überwiegend im Westen) und «Flot Bleu» (überwiegend im Osten) sind in Frankreich die gängigsten Systeme. Dazu kommen noch die einfachen Eigenbauten (Wasseranschluß im Mauerwerk und Bodenablauf).

Die Preise sind moderat, manche sind gratis, andere kosten zwischen 2 € und 3 € für ca. 100-140 l Wasser. Im Normalfall ist die V+E im Stellplatzpreis inbegriffen, wenn der Platz abgeschrankt ist. Wird ein abgeschrankter Platz nur für die V+E angefahren, ist der Betrag für die V+E am Kassenautomat zu zahlen, und die Aufenthaltsdauer ist meist zwischen 30 Minuten und 1 Stunde beschränkt. Einige Gemeinden bieten die V+E an Parkplätzen oder auf Stellplätzen kostenlos an.

Die Zahlung
Meist ist nur eine der drei Zahlungsarten möglich:
- JETON
  Hierfür ist eine Wertmünze erforderlich, welche im näheren Umkreis, z.B. im Tabac-Laden, in der Bäckerei oder im Office de Tourisme erhältlich ist. Die Verkaufsstellen sind an der Säule angegeben.
- BARGELD
  Der angegebene Betrag ist in Münzen einzuwerfen.
- KREDITKARTE
  Sie ist zwischenzeitlich die gebräuchlichste Zahlungsart.

Hinweise an der Säule (Borne de Service)

Choisissez votre côté	Wählen Sie Ihre Seite für die Frischwasserentnahme (Hahn rechts oder links).
Choisissez votre prise	Wählen Sie Ihre Steckdose.
Eau potable	Trinkwasser
Eau usées	Abwasser, Brauchwasser
Merçi de nettoyer après usage	Danke für die Reinigung nach Gebrauch
Non Eau potable	kein Trinkwasser (für WC-Spülung)
Prise	Steckdose
Push	Drücken
Rinçage eaux usées	Spülung des Bodeneinlass bzw. des Abwasserbeckens
Rinçage WC	WC-Spülung
Vidage	Ausguss, Entleerung, Abwasser
WC chemique	Chemie-Toilette (Kassetten-Ausguss)

Ausstattung und Bedienung

AireServices und Euro-Relais

- Grauwasser: Abfluss überwiegend über Bodeneinlass und kostenfrei oder über das Ausgussbecken an der Säule.
- WC-Entleerung: An der Säule. Der Abfluss ist meist mit einem Deckel abgedeckt und trägt die Aufschrift WC. Entleerung ist frei, Spülung oder Wasserentnahme nur durch Zahlung möglich.
- Frischwasser: Abgabe erst nach Zahlung. Bei zwei Frischwasseranschlüssen ist nach der Zahlung die entsprechende Seite durch Drücken des Knopfes «Choisissez votre côté» zu wählen. Je nach Station wird das Wasser durch Öffnen des Hahns oder durch ständiges Drücken eines Knopfes abgegeben.
- Strom: Sind an der Säule Steckdosen verfügbar, kann meist durch Zahlung des Pauschbetrages für 1 Stunde Strom entnommen werden. Je nach Anlage muss nach der Zahlung «Strom oder Wasser» und evtl. die entsprechende Steckdose gewählt werden.

Flot Bleu

ist ein geschlossenes System, das den Zugang zum WC-Ausguß und zur Frischwasserentnahme erst nach Zahlung durch Öffnen einer Seitentür frei gibt.

Oft haben die Anlagen keinen Bodeneinlass, so dass die Entleerung des Abwassertanks nur über das Abwasser- und WC-Becken in der Säule erfolgen kann.

Wenn ein Bodeneinlass vorhanden ist, ist dieser oft verschlossen und öffnet sich erst nach Zahlung.

Aus unserer Sicht ist die Flot Bleu, je nach Bauweise, für die Grauwasser-Entsorgung ungeeignet und unhygienisch, da Abwasser, WC-Entleerung und Frischwasserentnahme sich gemeinsam an einer Stelle befinden.

Unser Tipp

Desinfizieren Sie vor Gebrauch den Frischwasserhahn! Man weiß nie, ob zuvor doch jemand seine WC-Kassette darunter ausgespült hat.

Wasser

Wasseranschlüsse sind oft verschieden, teils auch ohne Gewinde. Daher ist das Mitführen von unterschiedlich großen, kompatiblen Wasserhahn-Adaptern

empfehlenswert. Als besonders praktisch hat sich ein mit Gummihals versehener, aufzusteckender Hahnanschluß erwiesen, der fast immer paßt, auch bei Hähnen ohne Gewinde.

Unser Tipp: Als besonders handlich und praktisch hat sich folgende Lösung erwiesen: Einen Wassertank-Einfülldeckel mit einem ca. 3-4 m langen Faltschlauch und Kupplungs-anschluß verbinden. Kein lästiges Aufwickeln des

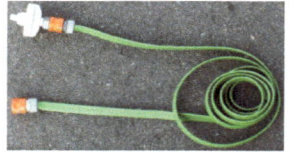

meterlangen Schlauches und Festhalten beim Einfüllen mehr. Während das Wasser läuft, kann z. B. schon die Kassette entsorgt werden. So haben Sie Zeit und Platz gespart.

Strom

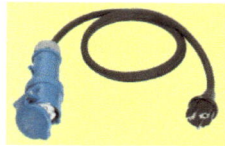

In Frankreich ist der CEE Anschluss inzwischen üblich, trotzdem findet man hier und da noch den frz. Schuko-Anschluss, wofür ein Adapter benötigt wird.

Im Gegensatz zu Deutschland ist der Strom entweder im Preis inbegriffen oder man zahlt pauschal an der V+E Säule 2-3 € je Stunde. Auf Campingplätzen wird der Preis je Tag und nicht nach kw/h abgerechnet.

Das Mitführen einer CEE-Mehrfachsteckdose oder eines CEE-Verteilers ist empfehlenswert, da sich oft mehrere Wohnmobile auf Stellplätzen eine Steckdose teilen.

Gasversorgung

Ohne Gas geht beim Camping nichts, außer man hat alles auf Strom umgestellt. Im Winter verbraucht die Heizung am meisten, im Sommer dagegen der Kühlschrank.
Das Dilemma: Deutsche Gasflaschen können in Frankreich nicht gefüllt oder getauscht werden. Was tun, wenn tatsächlich der Gasvorrat zu Ende geht?

Glücklich ist, wer eine Tankflasche oder einen Gastank hat. Anderen ist zu empfehlen, zur Sicherheit den Adapter «Euro-Set» oder den Spezial-Hochdruckschlauch (G2) zum Anschluss an frz. Flaschen für SecuMotion, DuoComfort, MonoControl CS oder DuoControl CS mitzuführen, um im Notfall eine französische Flasche anschließen zu können.

Französische Gasflaschen gibt es in Frankreich an jeder Tankstelle, im Bau- und Supermarkt und am Campingplatz. Es sind Leihflaschen, für die man beim erstmaligen Kauf eine kleine Gebühr entrichten muss. Den Beleg sollte man gut aufbewahren, um den Betrag bei Flaschenrückgabe wieder zurück zu erhalten. Die Flasche kann bei jedem Händler (Supermarkt oder Tankstelle), der die Marke führt, zurückgegeben werden. Ansonsten wird die leere Flasche, wie bei uns, einfach wieder gegen eine volle getauscht.

Die bekanntesten Marken sind Butagaz, Antargaz und Primagaz, die es fast an jeder Tankstelle gibt.
Meistens wird von den frz. Wohnmobilfahrern die silber-blaue Propangasflasche von Butagaz verwendet. Aber Achtung: Die Flasche gibt es auch in ganz blau und enthält dann Butan. Die Stahlflasche hat eine 13 kg Füllung, wiegt ca. 27 kg brutto, ist 60 cm hoch und misst 31 cm im Durchmesser.

Gas ist fast 30 % teurer als in Deutschland. In Deutschland kostet die 11 kg Flasche ca. 18-20 €, die 13 kg Flasche in Frankreich ca. 29-33 €.

Stellplatz in Boyardville auf Île d'Oléron

Stellplatz in Contis-Plage (Aquitaine)

Stellplatz in Giffaumont-Champaubert am «Lac du Der»

4 Stellplatz-Informationen

La Mailleraye-sur-Seine   (c) by Frankreich-Mobil-Erleben.de

Übersicht

Allgemeines

Welches Land in Europa bietet mehr Stellplätze für Wohnmobile als Frankreich?

Die Stellplatzgebühren sind sehr moderat, beginnen bei 0 € und enden je nach Platz und Ausstattung meist unter 15 €. Nicht umsonst ist Frankreich das Reiseziel vieler Wohnmobilisten aus ganz Europa.

Stellplätze gibt es an der Atlantikküste mehr als im Mittelmeerraum. Gerade die Bretagne ist für ihre Vielzahl von Plätzen bekannt, und fast jedes zweite Dorf an der Küste bietet Stellplätze an.

An der Côte d'Azur dagegen sind Wohnmobile nicht so gerne gesehen, daher werden Parkplätze oft mit «Stationnement Camping-Car interdit» ausgeschildert oder abgeschrankt.

Manche Kommunen wandeln die alten Camping-Municipal Plätze in Wohnmobil-Stellplätze um, wobei die Sanitäranlagen erhalten bleiben; so kosten tolle Plätze nur 10 - 12 € je Tag incl. Strom, V+E, Dusche, WC und teilweise mit WiFi (WLan).

Freies Stehen
Der Traum eines fast jeden Wohnmobil-Reisenden: Das Wohnmobil, die Besatzung und dann allein am Meer. Es ist möglich, wenn Sie die nachfolgenden Regeln beachten.

Parken oder Campen
Wohnmobile sind wie PKW eingestuft und unterliegen denselben Regeln. Hinsichtlich des Parkens gelten keine besonderen Vorschriften.

Die Gemeinden können aber hiervon abweichen und für Wohnmobile besondere Regeln und Verbote erlassen.

Sofern keine Verbotsschilder für Wohnmobile (z. B. Camping-Car interdit) oder andere Maßnahmen, wie Abschrankungen, das Parken unterbinden, können Sie dort getrost parken und übernachten, wenn Sie die Regeln befolgen.

Bitte beachten:
- Es darf nicht campiert werden.
  Also: Keine Tische, Stühle rausstellen oder die Markise ausfahren; auch Auffahrkeile sind ein Indiz für bewohntes Parken.
- Bodenmarkierungen sind zu beachten.
  Die eingezeichnete Parkfläche darf nicht überschritten werden.
- Verbotsschilder sind zu beachten.
- Sofern keine anderen Parkvorschriften angezeigt sind, gilt für Wohnmobile, wie für andere Fahrzeuge, eine maximale Parkzeit von 7 Tagen.
- **Übernachten Sie nie auf einem Autobahn-Rastplatz**
  Fahren Sie aus Sicherheitsgründen (Raub u. Überfall) von der Autobahn ab und suchen sich in einem Ort am Sportplatz oder im Gewerbegebiet einen Parkplatz, wenn keine Stellplätze ausgewiesen sind.

In Küstennähe kann es in der Saison (ab ca. Mitte Juni bis Anfang September) vorkommen, dass Sie von der Polizei aufgefordert werden, den Platz zu verlassen, wenn es sich um einen reinen PKW Parkplatz oder um eine freie Fläche am Strand handelt.

Oftmals finden Sie unter dem Ortseingangsschild den Hinweis «Reglement Camping-Car», welches bedeutet, dass es im Ort bestimmte Vorschriften für das Abstellen von Wohnmobilen gibt, die beim Office de Tourisme oder im Rathaus (Mairie) zu erfragen sind.

Zusatzschilder können z. B. das Parken zwischen 21-9 Uhr für Wohnmobile verbieten.

Wer also will, kann das ganze Jahr über in Frankreich frei stehen.

In Paris ist jedoch das Übernachten im Wohnmobil auf öffentlichen Straßen und Plätzen verboten.

Die Zugangs- und Zahlsysteme
Sieben Systeme im Überblick

Nur noch auf wenigen Stellplätzen wird man morgens oder abends von einem Bediensteten der Gemeinde aufgesucht, der bei einem netten Plausch die Stellpatzgebühr kassiert.

Nicht die Personalkosten sind das Übel, sondern die Wohnmobilfahrer, die bei Kenntnis der Zahlungszeiten, spät abends den Platz angefahren oder am frühen Morgen vor Zahlung den Platz verlassen haben.

Heutzutage sind fast alle Plätze mit einer Schrankenanlage mit Zahlautomat, der dazu aus Sicherheitsgründen nur Kreditkarten und kein Bargeld annimmt, ausgerüstet. Einige davon sind mehrsprachig. Sie sind fast immer mit einem Bildschirm, einer Eingabetastatur und einem Zahlungsterminal (Tastatur mit Kreditkartenschacht) ausgerüstet, aber nicht immer einfach zu bedienen; selbst Franzosen stehen manchmal ratlos davor.

Wundern Sie sich nicht, wenn auf der Anzeige an der Einfahrt «Complet» oder «0 Placement» (keine Plätze frei) steht, obwohl augenscheinlich Stellplätze frei sind. Die Systeme geben Plätze erst nach dem Verlassen und Ablauf der Parkzeit frei. Freie Plätze entstehen, wenn Wohnmobile, deren Parkzeit noch läuft, z. B. auf Tour sind und wiederkommen.

Bei den neuen Automaten muss daher bei Eingabe des Ausfahrt-Codes angeben werden, ob man den Platz vorübergehend (Code bleibt weiterhin gültig, man kann wieder auf den Platz fahren) oder den Platz endgültig verlässt (Code wird danach gelöscht und der Platz freigegeben).

Die verschiedenen Anlagen

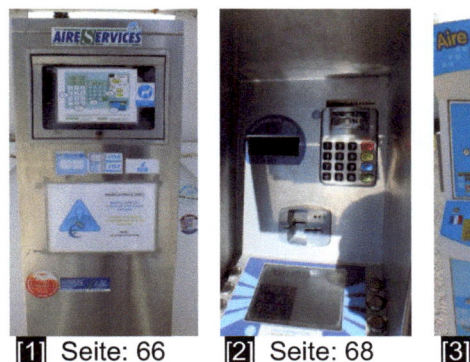 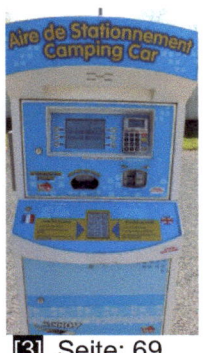

| [1] Seite: 66 | [2] Seite: 68 | [3] Seite: 69 |

| [4] Seite: 70 | [5] Seite: 71 | [6] Seite: 71 |

[7] Seite: 72

Hinweis: Die Grundbedienung ist fast immer identisch, und für den Zahlungsvorgang können Sie die Anleitung auf Seite 67 (Beispiel 1) übernehmen.

1 Das verbreiteste und älteste System, nur auf Französisch

Anleitung:

Das System hat 2 Tastaturen mit dazugehöriger Anzeige: Das linke ist für die Eingabe der Tage und des Einfahrt- und Ausfahrt-Codes zum Öffenen der Schranke.

1. Visa oder Mastercard unten rechts einführen.

2. Auf «Clavier Choix» (Tastaur links) die Anzahl Tage eingeben. (maximal Tage und Preise sind im linken Display angegeben)

3. Auf dem mittleren Display über «Clavier Paiment» erscheint meistens <fr> für französisch und <en> für englisch, keine Auswahl treffen! Einfach mit grüner Taste [V] bestätigen.

4. Im Display erscheint «Payment» oder «Code». Nur wenn «Entrez le Code» erscheint die Geheimzahl und [V] eingeben, ansonsten nichts tun. Kreditkarte erst bei Anzeige «**Retirer la carte**» entnehmen.

5. Warten bis 2-3 Belege aus dem Ausgabefach kommen.
   1 Beleg sichtbar hinter die Windschutzscheibe legen
   1 Beleg enthält den Ein- und Ausfahrt-Code
   1 Beleg ist der Kreditkartenbeleg, wird aber je nach System nicht immer ausgedruckt.

Ein- und Ausfahrt
Eingabe auf der linken Tastatur:
Einfahrt: [#] + Code   Ausfahrt: [*] + Code

Sie wollen verlängern?
Vor Ablauf der Parkzeit Eingabe auf der linken Tastatur «Clavier choix» eingeben: [#] + Code.

Anschließend den Anweisungen wie bei der 1. Zahlung (s. oben) folgen.

Die Parkzeit wird ab der Uhrzeit verlängert, an der das Ticket abläuft. Sie verlieren also keine Parkzeit.

[2] Identisch mit System [1]

Diese 2 Systeme sind mehrsprachig, jedoch mit anderer Anordnung und besserem Display:

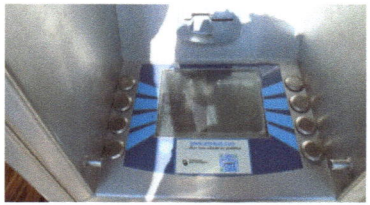 

Beide Systeme sind von der Anwendung identisch mit dem Bespiel 1 auf Seite 66.

Sie bieten jedoch ein größeres Display in der Mitte, mit Sprachauswahl und auch in Deutsch.

Einfach den Anweisungen auf dem Bildschirm folgen und bezüglich der Zahlung die entsprechende Tastatur nutzen.

Die Anleitung von Beispiel 1 kann übernommen werden.

Die Code-Eingabe zum Öffnen der Schranke erfolgt an der Schranke selbst.

Das Fahrzeug bis zur Schranke vorfahren.

Code + [#] eingeben. Vertippt? Dann mit [*] zurück

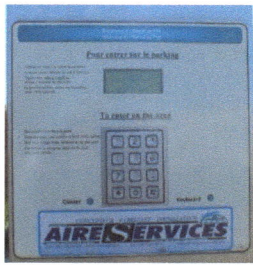 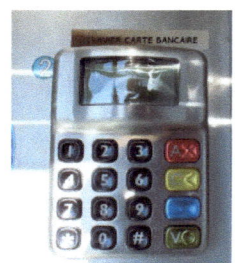

3 ebenfalls mehrsprachig

Entspricht in der Bedienung dem Beispiel 2; jedoch befindet sich die Tastatur für die Eingabe von Tagen etc. unten und das Zahlungsterminal über dem Kreditkarteneinschub.

Folgen Sie den Anweisungen auf dem Bildschirm. Die Anleitung von Beispiel 1 kann übernommen werden.

Die Zufahrt erfolgt wie in Beispiel 2 beschrieben.

4 Modernes System mit QR-Code
moderne Anlage, mehrsprachig (auch Deutsch)

ATTENTION

Pour toutes sorties définitives il est impératif de scanner votre ticket. Faute de quoi un forfait *5 jours* de 38,00 € pourrait vous être prélevé sur votre compte.

Hinweise:
Das System zeigt, wie teils andere auch, die freien Plätze an. Geben Sie bei der Ausfahrt daher aus Sicherheitsgründen nie «definitiv» an, wenn Sie innerhalb Ihrer gebuchten Zeit auf den Platz zurückkommen wollen, ansonsten wird Ihr Zugangscode ungültig und der Platz freigegeben.
Der Hinweis auf dem gelben Schild (s. Bild) besagt:
Scannen Sie beim endgültigen Verlassen unbedingt Ihr Ticket. Ansonsten könnte Ihr Konto mit dem 5-Tages-Paket von 38 € belastet werden.

Besonderheit:
- Das Gerät wird für die Ein- u. Ausfahrt nur aktiviert, wenn das Fahrzeug direkt vor der Schranke steht.
- Statt einem Code, erhalten Sie einen QR-Ausdruck. Er wird für die Ein- und Ausfahrt eingelesen.
- Wie bei allen Systemen ist eine Verlängerung ohne Ein- u. Ausfahrt über das Display mit dem QR-Code möglich.
- Ansonsten ist die Bedienung identisch mit den anderen Systemen.

5 Der Parkschein-Automat

Die einfachste Lösung. Nimmt teilweise statt Karte auch Bargeld an. Den angegebenen Betrag (24 Stunden) bezahlen, Ticket entnehmen und hinter die Windschutzscheibe legen.

6 Per Videoerfassung

Hier wird bei der Zufahrt das Kennzeichen per Video erfasst. Die Schranke öffnet sich bei der Anfahrt automatisch.
Oft können solche Plätze tagsüber für einen gewissen Zeitraum kostenfrei genutzt werden.
Fahren Sie innerhalb der freien Zeit auf den Platz und verlassen diesen innerhalb dieses Zeitraumes wieder, erfolgt keine Berechnung und die Schranke öffnet sich bei der Ausfahrt.
Bei der Einfahrt wurden Zeit und Kennzeichen erfasst. Bleiben Sie länger, müssen Sie vor der Ausfahrt am Zahlautomat Ihr Kennzeichen eingeben. Ihre Aufenthaltsdauer und Parkgebühr wird dann berechnet. Die Zahlung erfolgt durch Kreditkarte.
Nach erfolgter Zahlung öffnet sich die Schranke automatisch, wenn Sie vor die Schranke fahren.

7 Camping-Car-Park (Zugang per SMS)

Camping-Car-Park hat inzwischen von einigen Kommunen mehrere Stellplätze als Betreiber übernommen.
Mit der Kreditkarten-Zahlung müssen Sie Ihre Handy-Nummer eingeben und bekommen dann den Zugangscode per SMS übermittelt.
Ein Stellplatz kann auf deren Webseite auch im Voraus gebucht werden. Eine Kundenkarte (Etappenpass von 4 € einmalig) ist hierfür erforderlich.
Ein System, das zwar seine Anhänger gefunden hat, aber deren Plätze nach der Übernahme auch von vielen Wohnmobilisten gemieden werden. Wie bei allem, hier muß jeder seine eigene Erfahrung machen und das Für und Wider abwägen.

Ein Erfahrungsbericht:
Um 18 Uhr eingebucht. - Mit Kreditkarte bezahlt. - Auf SMS 20 Min. gewartet. - Keine SMS erhalten. - Service-Nummer angerufen. - Gesprächspartner (nur frz. oder engl.): „Wo stehen Sie? Wie lautet Ihre Kreditkarten-Nummer?" Danach: „Ich öffne Ihnen die Schranke". - 30 Min. später einen Code per SMS erhalten. - Nächster Tag, 14 Uhr bei der Ausfahrt: SMS-Code nicht gültig! - Erneut angerufen und erklärt, daß die Schranke manuell geöffnet wurde - wird geprüft, warten. - Antwort: „Ihr Code ist wegen Zeitüberschreitung ungültig. Der Code gilt nur bis 12:00 Uhr. Ich öffne Ihnen aber die Schranke."

Stellplatzführer

Stellplatzführer gibt es als Buch, App und Online-Version von vielen Anbietern mit großen Unterschieden. Hauptsächlich beschränken sich die deutschen Führer auf die deutschen Plätze und zeigen nur einen Teil in Frankreich auf. Sie haben aber den Vorteil, dass der Leser alles versteht und teilweise viele Informationen zum Platz bekommt. Im Gegenzug muss damit gerechnet werden, dass diese Plätze oft überfüllt sind und viele eigene Landsleute zu Gast sind.

Bei Buchausgaben ist es auf alle Fälle wichtig, dass der Stellplatzführer aktuell ist, denn die Veränderungen mit Zu- und Abgängen sind enorm. Nichts ist ärgerlicher, als wenn ein Platz angefahren wird, den es gar nicht mehr gibt. Auch viele Bücher, die Wohnmobilreisen in bestimmten Regionen beschreiben, sind hinsichtlich der Angaben oft Jahre veraltet und können nur noch als Routenempfehlung genutzt werden.

Wir empfehlen die französischen Buchausgaben wegen ihrem Umfang und der Aktualität. Dank der Piktogramme und den Karten sind sie eigentlich für jeden verständlich und in Frankreich in jedem Supermarkt oder Zeitschriftenhandel erhältlich.

Entsprechende App- und Link-Empfehlungen finden Sie auf unserer Webseite.

Alternativen zum Stellplatz

Als Alternative zu Stellplätzen bieten sich in Frankreich mehrere Möglichkeiten für Wohnmobilfahrer an:

- Camping Municipal (Gemeindeplätze)
  unsere Empfehlung s. Seite 77

- Campingplätze der großen Betreiber

- Camping à la ferme (beim Landwirt), hier gibt es:

  «Bienvenue à la Ferme», in der über 6.000 Landwirte Stell- und Campingplätze anbieten. www.bienvenue-a-la-ferme.com

  «France Passion» mit fast 2.000 Landwirten und Winzern. Hierfür ist jedoch eine kostenpflichtige Jahresvignette erforderlich.

- Campen im privaten Garten
  Privatleute stellen einen Stell- oder Campingplatz auf ihrem privaten Gelände zur Verfügung. Die Buchung erfolgt per Internet über *www.homecamper.com*

- Frei Campen
  Sofern keine Verbotsschilder für Wohnmobile (z. B. Camping-Car interdit) oder andere Maßnahmen wie Abschrankungen, das Parken unterbinden, können Sie dort getrost parken und übernachten, wenn Sie die Regeln befolgen (s. Seite 62 f.)

5 Campingplatz-Informationen

Camping Des Abers in Landéda (C) by Frankreich-Mobil-Erleben.de

Frankreich - das Campingland

Allgemeine Informationen

Über 11.000 Campingplätze erwarten Sie in Frankreich, dem größten Campingland in Europa. Dabei sind alle Sterne-Kategorien vertreten. Wer keinen großartigen Luxus und Animation erwartet und preiswert campen will, besucht die «Camping Municipal» (Gemeindeplätze) oder die Alternativen.

Die Campingplatzpreise beginnen in der Vorsaison ab ca. 13 € und enden in der Hauptsaison bei ca. 80 €, je nach Stellplatz und Kategorie. Wer nicht unbedingt auf die Hochsaison (Juli/August) angewiesen ist, sollte z.B. die ACSI Karte (Ermäßigungskarte für bis zu 50%) einsetzen.

Die überwiegende Zahl der Campingplätze öffnet mit Ostern und schließt im September. Ganzjährig geöffnete Campingplätze sind je nach Region noch ausreichend zu finden, die Angaben finden Sie in Ihrem Campingführer.

Zahlreiche Ausstattungen wie Schwimmbad, Restaurant usw. sind jedoch meist nur während der Saison, von Mitte Juni bis Anfang September, geöffnet.

Die Strompreise bewegen sich im Mittel zwischen 3 € und 5 € je Tag. Wir empfehlen das Mitführen eines Adapters (s. Seite 58).

Wenn der Gasvorrat zur Neige geht, kann bei den meisten Plätzen eine Flasche gemietet werden. Für den Anschluss der französischen Flasche wird der Adapter «Euro-Set» oder der Spezial-Hochdruckschlauch «G2» zum Anschluss an SecuMotion, DuoComfort, MonoControl oder DuoControl benötigt (s. Seite 59).

Finden Sie auf dem Campingplatz das Schild «Inondation par temps de grosse pluie», dann besteht bei starkem Regen Überflutungsgefahr. Dies ist meist im Landesinneren und in Flussnähe der Fall.

In den Schwimmbädern sind Boxer- oder Bermudashorts verboten, und Frauen müssen oft eine Badekappe tragen.

Freunde der freien Körperkultur finden auch in Frankreich ausreichend FKK Campingplätze und Strandabschnitte.

Ihr Campingplatzführer in Buchform sollte immer aktuell sein. Empfehlenswert als Buchausgabe sind die französischen Campingführer, aber auch einige der zahlreichen Apps und Internetseiten. Mehr dazu erfahren Sie auf unserer Webseite.

Camping Municipal

Die preiswerte Alternative

Camping municipal Camping de la Pointe 85330 L'HERBAUDIERE © Frankreich-Mobil-Erleben.de

Vielen genügt ein schöner Platz mit Sanitäreinrichtungen, Strom und Entsorgung. Sie verzichten, aus unterschiedlichen Gründen, auf die reichhaltigen Angebote und Animationen luxuriöser Campingplätze.

Camping Municipal sind kommunale Campingplätze, die von der Gemeinde betrieben werden. Über 2.000 Plätze gibt es in Frankreich und über die Hälfte davon sind als 2- und 3-Sterne-Plätze klassifiziert. Die Plätze sind teilweise einfach gestaltet, liegen aber oft an sehr schönen Stellen am Meer, an Seen oder Flüssen. Das Preis-Leistungs-Verhältnis ist sehr gut: In der Vor- und Nachsaison zahlt man selten über 15 € (Platz incl. zwei Personen und Strom), und selbst in der Hauptsaison sind Campingplätze unter 25 € zu finden.

In den deutschsprachigen Campingführern sind leider nicht alle aufgeführt. Selten betreiben sie eine eigene Homepage und sind oft nur unter der Webseite der Gemeinde zu finden. Hinzu kommt, dass eine Online-Reservierung fast nicht möglich ist und einige Plätze auch keine Reservierungen annehmen.

Plätze finden Sie auf der französischen Webseite unter: *www.camping-municipal.org/*

Die Alternativen

zu traditionellen Campingplätzen

Man könnte sagen: «Frankreich ist das Land der unbegrenzten Möglichkeiten für Camper». Neben den unzähligen Camping- und Stellplätzen sind zwei weitere Varianten zu finden.

Camping à la Ferme (Camping auf dem Bauernhof)
Wer seinen Aufenthalt auf einem Bauernhof vorzieht, hat auch in Frankreich eine große Auswahl. Die Höfe bieten meist neben ihren hofeigenen Erzeugnissen auch traditionelle Speisen & Getränke an. Land und Leute lernt man auf diese Art am besten kennen.
Ein Verzeichnis findet man auf der französischen Webseite
www.bienvenue-a-la-ferme.com

Campen im privaten Garten
Hier stehen Sie ruhig in einem privaten Garten mit Blick auf das Meer oder die Berge, vielleicht auch in einem Schlosspark mit Pool. Strom und Entsorgung, WC und Dusche sind nicht selten. Zusätzlich profitieren Sie von den zahlreichen Insidertipps Ihres Gastgebers. Ein gewisser Luxus, der nicht teuer sein muss; die Plätze beginnen bereits bei 5 € / Tag. Ideal für alle, die das Außergewöhnliche suchen.
Ohne Reservierung geht es aber nicht. Wählen Sie den Platz vorab auf der Webseite aus. Die Buchung kann nur nach erfolgter Registrierung auf der Seite von *www.Homecamper.com* erfolgen; erst dann erhält man die Anschrift und Rufnummer. Die Seite wird nur in Französisch und Englisch angezeigt.

6 Freizeit-Aktivitäten

Den Freizeitmöglichkeiten sind in Frankreich, je nach Region, keine Grenzen gesetzt. Alle aufzuführen, würde den Rahmen des Buches sprengen, daher beschränken wir uns auf die überwiegend von Urlaubern beliebten Aktivitäten.

Radfahren

Vorab: In Frankreich gelten die gleichen Sicherheitsvorschriften für Fahrräder wie in Deutschland. Aber: Für Kinder bis zwölf Jahren besteht Helmpflicht. Bei schlechtem Wetter und ab Einbruch der Dunkelheit müssen Radfahrer eine gelbe Warnweste tragen.

 Zwei wichtige Ausdrücke sollten Sie sich merken:

a) SAUF Velo
ausgenommen Radfahrer

b) AUX Velo
auch Radfahrer

Frankreich verfügt über ein sehr dichtes Fahrradwegenetz. Man unterscheidet hierbei die sogenannten «Veloroutes» und die «Voies Vertes». Die «Veloroutes» sind Fernradwege, die nicht nur auf Radwegen, sondern auch an oder auf Straßen entlangführen können. Radkarten erhalten Sie jeweils im Office de Tourisme.

Die schönsten Routen sind die «Voies Vertes» (Grüne Routen). Sie führen auf gesicherten Radwegen durch die Region, meist abseits aller Straßen, durch Wiesen, Wälder, Felder und am Meer, an Flüssen oder Kanälen entlang. Sie eignen sich besonders gut für Familien und kleine Radtouren bis ca. 60 km. Diese Strecken führen auch schon einmal über unbefestigte Wald- und Feldwege, sind aber immer besonders reizvoll. Es macht einfach Spaß auf diesen abwechslungsreichen Strecken zu fahren, und kein Kilometer ist langweilig.

Auch alte Bahnstrecken wurden zwischenzeitlich als Fahrradwege ausgebaut.

Die Atlantikküste bietet die meisten «Voies Vertes» an. Speziell die vorgelagerten Inseln sind das reinste Fahrrad-Paradies. Auf der kleinen «Île de Noirmoutier» finden Sie über 80 km Radwege, auf der «Île de Ré» sind es ca. 100 km und die Nachbarinsel «Île d'Oléron» wartet mit über 160 km Radwege auf.

Wem diese Strecken zu kurz sind, der nimmt z.B. den «Voie Verte» am Canal du Midi vom Mittelmeer bis zum Atlantik mit 500 km Länge.

Soll es dagegen die Bretagne sein, dem ist z.B. der Radweg entlang des Nantes-Brest-Kanal zu empfehlen.

Wer lange Radtouren oder einen Radurlaub plant, dem empfiehlt sich der Loire-Radwanderweg von der Quelle bis zur Mündung mit fast 700 km Länge; entlang an der Loire und vorbei an den prachtvollen Schlössern. Er ist eine Fahrradreise wert.

Wer einen noch längeren Radwanderweg bevorzugt, kann auf dem längsten Fernradweg «Vélodyssée» die gesamte Atlantikküste von Nord bis Süd bewältigen.

Viele Links hierzu finden Sie auf unserer Webseite.

Wandern

In Frankreich findet man die schönsten und abwechslungsreichsten Wanderwege Europas. Mehr als 120.000 Fernwanderwege (GR) und unzählige regionale Wanderrouten, führen durch malerische Landschaften in den Bergen, an der Küste und an Flüssen entlang oder vorbei an Sehenswürdigkeiten, wie Schlösser und Burgen. Ideal für einen erlebnisreichen Wanderurlaub.

Gegenüber anderen Ländern mit einem ausgebauten Wandernetz sollte man jedoch beachten, dass in Frankreich ein einmal angelegter Wanderweg nicht mehr geändert wird, auch wenn es zwischenzeitlich schönere Alternativen gibt. Dazu fehlen oft Markierungen oder sie sind widersprüchlich.

Unser Tipp: Verlassen Sie sich nicht nur auf die Ausschilderungen. Vor allen Dingen in den Bergen und großen Waldgebieten sollten Sie stets eine gute Routenbeschreibung oder detaillierte Wanderkarte mit sich führen. Neben den Office de Tourisme bietet auch der deutsche Buchhandel für jede Region eine große Auswahl an Wanderführern an.

Am bekanntesten dürfte den Frankreich-Urlaubern der Wanderweg GR 34 (Grande Randonnée 34) bekannt sein. Der Zöllnerpfad (Sentier des douaniers) zählt mit seinen knapp 2.000 Kilometern zu den längsten Wanderwegen Frankreichs und führt vorbei an Buchten, Klippen und Leuchttürmen, entlang der bretonischen Küste.

In den Alpen und den Pyrenäen, im Zentralmassiv und auf Korsika sind, vom kleinen Rundkurs bis zu mehrtägigen Routen auf Fernwanderwegen, traumhafte Strecken durch die Natur zu finden.

Surfen

Frankreich ein Surfer-Paradies. Die eingefleischten Surfer wissen das; Anfänger denken jedoch beim Surfen zunächst einmal an Hawaii. Dass Frankreich seit Jahren ein Surf-Spot ist, an dem sich jährlich auch die Weltelite trifft, wissen die wenigsten.

An der 200 km langen Küste, von der Gironde bis zur spanischen Grenze, findet man paradiesische Strandabschnitte zwischen Lacanau und Hendaye mit der besten Wellengarantie Europas im Sommer.

In Hossegor und Umgebung treffen sich im Herbst die besten Surfer der Welt für eine der vielen, dort ausgetragenen Meisterschaften. Ein jährliches Spektakel mit TV-Übertragungen, Public Viewing, Partys und allem was dazu gehört. Selbst die deutschen Meisterschaften werden in diesem Gebiet jährlich ausgetragen.

Die Hotspots für Surfer sind die Strandabschnitte (von Nord nach Süd): Lacanau-Plage, Carcans-Plage, Moliets-Plage, Mimizan-Plage, Vieux-Boucau, Hossegor, Capbreton, Saint-Jean-de-Luz und Hendaye.

Neben den Topbedingungen für Surfer bieten diese Orte zahlreiche Campingplätze, Surfschulen, Boardverleih, Shops für Surfzubehör und zahlreiche Lokale. Anfänger sollten jedoch zuvor eine der Surfschulen oder eines der Surfcamps besuchen. Der Atlantik mit seinen Wellen und Strömungen ist hier keineswegs zu unterschätzen.

Windsurfen, Kiten und Wassersport

ist fast an allen Küsten und Seen möglich. Für Kajakfahrer und Wildwasserfahrer ist Frankreich mit seinen Flüssen und Canyons (Ardèche, Verdon u.v.m.) das reinste Paradies.

Fußfischen (Pêche à pied)

Es ist fast ein Volkssport an der Küste, das im Volksmund sogenannte Fuß- oder Gezeitenfischen. Speziell am Atlantik gehört das Fußfischen zu einer beliebten Freizeitbeschäftigung, und sicherlich haben Sie so manche Fußfischer schon gesehen. Bei Eintritt der Ebbe, wenn das Meer Boden und Steine freilegt, marschieren sie los, einzeln oder in Gruppen. In Gummistiefeln und mit Eimer, Netz, Harke, Messer und Schaufel bewaffnet begeben sie sich auf die Suche nach den Köstlichkeiten des Meeres.

Meeresschnecken, Muscheln und Krebse sollen bis zum Eintreffen der Flut in ihre Eimer wandern, um sie anschließend zu Hause mit Genuss zu verzehren. Selbst gefangen schmeckt schließlich besser. Auf traditionelle Weise werden sie aufgebrochen, ausgelutscht und natürlich von Hand gegessen.

Jeder darf sich zwar prinzipiell in Frankreich aus dem Meer bedienen, aber aufgepasst, einige Regeln gibt es zu beachten. In jeder Region gibt es für das «Pêche à pied» genaue Vorschriften, was und wieviel von jeder Art mit welchen Mindestgrößen gesammelt werden darf. Außerdem gibt es Schutzzonen, in denen das Fußfischen verboten ist. An beliebten Sammelstellen findet man dafür am Strand entsprechende Hinweisschilder, ansonsten erhält man die Vorschriften im Rathaus oder im Touristenbüro. Oft sind sie sind auch auf Campingplätzen ausgehangen oder liegen in Geschäften, wie z. B. für Marine-Zubehör, aus. Wer sich nicht daran hält und wild sammelt was er findet, kann mit hohen Strafen rechnen.

Doch nun zum Fußfischen. Nicht die Ausrüstung ist das wichtigste, sondern ein geübtes Auge. Die schmackhaften Meeresfrüchte liegen nicht einfach auf dem Meeresboden und warten auf Sie, sie müssen gesucht werden. Nur die Jakobsmuschel und die an Steinen und Algen klebende Strandschnecke ist einfach zu ernten. Die anderen Muscheln sind im Sandboden zu finden, aber einfach zu graben, bleibt meistens ohne Erfolg.

Zunächst gilt es kleine Löcher, die Atemlöcher der Muscheln, im Boden zu finden; jede Muschelart hinterlässt auf dem Boden ihr eigenes Muster. Nun wird geharkt und gegraben. Manche bedienen sich bei der Schwertmuschel mit einem Trick und streuen Salz auf die Löcher. Die erhöhte Salzkonzentration gaukelt der Muschel vor, dass das Meer zurück ist, und lockt sie nach oben. Mit einem schnellen und geübten Griff gilt es nun, die Muschel fest zu ergreifen und aus dem Sand zu ziehen.

Krebse, Hummer und Austern warten unter Steinen, Felsbrocken und kleinen Höhlen auf die Flut. Steine werden vorsichtig aufgehoben und umgedreht, in der Hoffnung einen Krebs oder Hummer zu finden. Ob fündig oder nicht, jeder Stein muss genau so vorsichtig wieder exakt an die ursprüngliche Position gelegt werden, wo er sich befand.

Je nach Region und Geschmack des Fußfischers ist das Beuteschema unterschiedlich. Manch gelöste Schnecke findet nicht immer den Weg in den Sammeleimer, sondern landet bei Eingefleischten direkt im Mund.

Bevor man sich als Neuling auf die Suche macht, sollte man sich genau über die Gezeiten erkundigen und auf andere einheimische Fußfischer achten. Schon so mancher hat vor lauter Tatendrang die Flut zu spät bemerkt. Und bitte nicht wahllos einsammeln, was man findet. Jede der Köstlichkeiten hat einen anderen Geschmack. Man sollte also vorher schon einmal gegessen haben, was man erntet, bevor die Muschel dann im Müll landet. Abzuraten ist auch von Gegenden rund um Hafengebiete und Abwassereinleitungen, hier können die Meeresfrüchte sogar gesundheitsschädlich sein.

Während der größten Gezeitenunterschiede (bei Voll- oder Neumond), sind die Fangquoten am größten. Dann haben Sie als Fußfischer Gesellschaft; Einheimische bevölkern in Massen den Meeresboden.

Ob Sie was fangen oder nicht, es ist ein Erlebnis.

Boule

Ein Spiel, für welches man nicht viel benötigt, das fast überall gespielt werden kann und der Kommunikation und dem Miteinander förderlich ist. Es wird auf einem Dorfplatz unter Platanen bei einem Glas Wein ebenso gerne gespielt, wie auf dafür angelegten Bahnen, die in fast jedem französischen Ort zu finden sind. Es ist nicht nur ein Sport für «alte Männer», Frauen und Männer jeden Alters begeistern sich für diesen Sport.

Boule oder Pétanque
Boule ist der Oberbegriff für diese Kugelsportart und wird im Volksmund von den Franzosen teilweise auch verwendet, obwohl der reguläre Name PÉTANQUE lautet. Der kleine und doch bedeutende Unterschied:
- Boule wird von einer Abwurfline aus gespielt, und der Spieler geht beim Wurf in die Hocke.
- Bei Pétanque (pieds tanqués = geschlossene Füße) wird die Kugel aus dem Stand, ohne Anlauf und aus einem Abwurfkreis heraus geworfen.

Der Geschichte nach entstand Pétanque im Jahr 1910. Jules Le Noir, aus der Provence, war es wegen seines Rheumas nicht mehr möglich, am athletischen Boulespiel teilzunehmen, da er nur noch sitzend spielen konnte.

Sie benötigen:
3 Boulekugeln (Stahl) pro Spieler und 1 Zielkugel (Holz)

Ziel des Spiels
Ein Spieler wirft die Zielkugel ca. 6-10 m weit. Die anderen werfen der Reihe nach abwechselnd ihre Kugeln so nah wie möglich an die Zielkugel heran. Gewonnen hat, dessen Kugel am nächsten an der Zielkugel liegt.

Die genauen Regeln werden Ihnen Ihre Mitspieler sicherlich erklären.

Golf

Die Entscheidung, auf welchem der über 500 Golfplätze, vom 6 bis 36 Loch, Sie putten möchten, müssen Sie selbst treffen. Ob hoch über dem Meer auf den Kreideklippen der Normandie, am Mittelmeer, am Atlantik oder lieber vor den Toren von Versailles. Mehrere Regionen Frankreichs sind bereits in den Hitlisten der weltbesten Golfregionen in den Top-Ten platziert.

Vergessen Sie nicht Ihren Clubausweis mit eingetragenem Handicap. Viele der Golfplätze verlangen ein Handicap von 35, manche auch von unter 30!

Selbstverständlich gibt es neben den renommierten Clubs auch Golfplätze, auf denen Sie ohne Clubausweis und Handicap Ihren Driver schwingen dürfen.

Reiten

Frankreich ist ein Pferdeland. Beinahe jeder größere Ort verfügt über eine Pferderennbahn und tägliche Pferdewetten stehen auf der Tagesordnung.

Ein dichtes Netz von über 18.000 km Reitwege durchziehen das Land, und in zahlreichen Reiterhöfen warten die Pferde auf Ihren Reiter.

Wenn Sie nur gelegentlich reiten wollen und Ihr eigenes Pferd nicht mitnehmen, wenden Sie sich bitte an das Office de Tourisme; hier erhalten Sie sämtliche Adressen der Reitställe und Informationsmaterial.

Achten Sie auf «Centre de Tourisme Équestre». Diese Auszeichnung haben Reitställe erhalten, die sich besonders auf Reitferien bzw. Reittouristik spezialisiert haben. Sie bieten nicht nur gut ausgebildete Pferde, sondern auch professionelle Reitlehrer mit entsprechender Lizenz.

Bei mehrtägigen Wanderausritten achten Sie auf «Cheval Étape». Diese Höfe nehmen für mindestens eine Nacht fremde Pferde auf.

Parks ♦ Zoos ♦ Schlösser ♦ Dörfer

Frankreich ist reich an Kulturdenkmälern und Museen. Eine Vielzahl historischer und mittelalterlicher Dörfer, pompöser Schlösser, intakten Festungen und Burgen, Kathedralen, Kirchen und Klöster katapultieren Sie zurück in die Vergangenheit. Und für das Freizeitvergnügen runden unzählige Freizeitparks und Zoos das Programm ab.

Les Plus Beaux Villages de France
«Die schönsten Dörfer» werden sie genannt. 156 Orte wurden mit diesem Label ausgezeichnet und erfüllen strenge Kriterien. Sie müssen unter anderem über denkmalgeschützte Gebäude mit einem historischen Erbe verfügen. Diese Orte sind wirklich sehenswert, und man sollte sie in seine Urlaubsplanung einbeziehen, sofern sie auf der Route oder im Feriengebiet liegen.

Ville Fleurie
Jeder Frankreich-Urlauber hat das Schild schon unter dem ein oder anderen Ortseingangsschild gesehen. Wie bei uns die «Schönsten Dörfer» gekürt werden, können sich seit 1959 Orte bewerben, um mit der Anerkennung von 1 bis 4 Blumen ausgezeichnet zu werden.

Kirchen & Klöster
Über 50 berühmte Kathedralen stehen in Frankreich (u.a. in Paris, Amiens, Rouen, Strasbourg, Chartres, Reims), dazu unzählige Kirchen und Klöster. Sie alle aufzuzählen würde wie bei den Schlössern jeden Rahmen sprengen. Mit Sicherheit steht eines der Bauwerke auch in Ihrem Urlaubsgebiet oder auf der Reiseroute.

Schlösser

sind neben Versailles in unzähliger Zahl mit ihren Prachtbauten und weitläufigen Parkanlagen nicht nur im Loiretal zu finden. Zahlreiche Bücher, Reiseführer und Webseiten widmen sich diesem Thema. Informieren Sie sich vor der Reise oder vor Ort im Office de Tourisme.

Wenn das Loiretal auf Ihrer Reisestrecke liegt, legen Sie einen Zwischenstopp ein und besuchen Sie eines der über 100 sehenswerten Schlösser wie zum Beispiel das Château Chambord, Chenonceau, Blois oder Villandry.

Burgen

sind auch für Kinder immer ein Erlebnis. Viele unzerstörte Bauten bieten im Tal der Dordogne eine traumhafte Aussicht. Und im Burgund können Sie teilhaben, wie eine mittelalterliche Burg in Guédelon mit der Technik aus jener Zeit erbaut wird.

Zoos

ob kleine, große oder Safariparks, sie sind fast überall zu finden. Die Eintrittspreise in französischen Zoos sind jedoch höher als bei uns. Im Gegensatz zu Deutschland werden alle Zoos «privat» geführt und erhalten keine öffentlichen Zuschüsse von Stadt oder Land. Wer den Zoo aber öfter als zweimal im Jahr besucht, steht sich finanziell besser, eine Jahreskarte zu kaufen.

Besonders sehenswert sind:

Zoo Beauval (Centre-Val de Loire)
Dieser Zoo ist die Nummer 1 in Frankreich, er gehört zu den Top 10 weltweit und wurde 2013 zum besten Zoo Europas gekürt.

Zoo Palmyre bei Royan (Aquitaine)
Der meistbesuchte Zoo Frankreichs.

Zoo d'Amnéville bei Metz (Grand Est)

Reserve Africaine Sigean bei Narbonne (Okzitanien)
Ein Safaripark auf 300 Hektar.

Parc des Oiseaux Villars-les-Dombes (Auvergne-Rhône-Alpes)
3.000 Vögel auf 35 Hektar mit einer tollen Vogelshow.

Aquarien
Mit 4.853 km Küstenlänge ist die Vielzahl der Aquarien in Küstennähe nicht verwunderlich. Zu den sehenswerten zählen:

Nausicaä in Boulogne-sur-Mer (Hauts-de-France)

La Cité de la mer in Cherbourg (Normandie)

Océanopolis in Brest (Bretagne)

Aquarium von La Rochelle (Aquitaine)

Ozeanografisches Museum Monaco (PACA)

Parks
Nicht nur Disneyland hat Frankreich zu bieten. Viele weitere Freizeitparks mit und ohne Fahrgeschäfte sind in jeder Region zu finden. Von allen sind besonders zwei hervorzuheben, die besucht werden sollten:

Puy-du-Fou in Les Epesses   *www.puydufou.com*
Der mehrfach ausgezeichnete *«Beste Themenpark der Welt»* ist das beliebteste Ausflugsziel Frankreichs mit über 2 Mio. Besuchern. Ein Park ohne Achterbahn und sonstige Fahrgeschäfte. Dafür werden Sie in vielen Shows ins Mittelalter zurückversetzt, zu Wikingern und Römern. Die jeweils am Wochenende (nur Juni-Sept.) stattfindende Abendshow auf einer 23 ha großen Freilichtbühne ist besonders spektakulär. 2.000 Schauspieler mit 24.000 Kostümen stellen die Geschichte der Vendée in 1 Stunde 40 Minuten atemberaubend dar. Für diese Abendshow ist eine frühzeitige Reservierung unbedingt erforderlich, da sie ständig ausgebucht ist.

Futuroscope bei Poitiers   *www.futuroscope.com*
ist der zweitgrößte Freizeitpark Frankreichs. Mehr als 25 Attraktionen widmen sich den neuen Medien und Technologien. Man könnte ihn auch als Future-World bezeichnen.

7 Essen & Trinken

wird in Frankreich großgeschrieben. Die Franzosen sind bekanntlich Genießer.

Das Frühstück fällt dafür nicht gerade üppig aus: der Café und ein Croissant genügen bereits, oder eine Schale mit Milchkaffee, in welche dann das Weißbrot getunkt wird.

Ansonsten wird geschlemmt. Sogar die Kinder werden bereits in jungen Jahren an alle Köstlichkeiten herangeführt. Die bei uns bekannten «Kinderbreis» etc. werden selten gefüttert. Wundern Sie sich also nicht, wenn im Restaurant am Nachbartisch ein 5-jähriges Mädchen mit Genuss die Austern verzehrt.

Einkaufen

ist in Frankreich ein wahres Erlebnis. Wenn Sie aber auf das Gewohnte nicht verzichten wollen und besuchen auch in Frankreich nur Lidl und Aldi, dann haben Sie etwas verpasst.

«Frankreich ist teuer!» lautet oftmals der Satz von Urlaubern. Dies ist aber nur bedingt wahr, je nachdem welche Qualität oder Produkte man bevorzugt. Im Großen und Ganzen sind die Preise für die Grundnahrungsmittel auch nicht anders als bei uns, aber die Auswahl an Lebensmitteln ist deutlich größer und die Qualität (Frische & Geschmack) teilweise um einiges besser.

Körperpflegeprodukte und Waschmittel kosten mehr als bei uns; wegen einer Gesundheitssteuer ebenso Alkohol und Süßwaren (bei Schokolade werden Sie z. B. feststellen, je höher der Kakaoanteil, desto billiger).

Die Bierpreise sind höher, die Weinpreise sind hingegen günstiger als bei uns. Die unendliche Weinauswahl beginnt ab 1 €, nach oben gibt es keine Grenzen. Wundern Sie sich also nicht, wenn Sie Weine für über 250 € je Flasche finden.

Wo einkaufen

Wochenmärkte
Die sollten Sie sich nicht entgehen lassen. Information über die Markt-Termine erhalten Sie vor Ort im «Office de Tourisme». Die Auswahl, Frische und den Duft der Gewürze werden Sie lieben. Ein Genuss für alle Sinne.

Markthallen
In manchen Orten gibt es sie noch. Der Besuch lohnt sich genauso wie der der Wochenmärkte. Ob frischer Fisch oder Geflügel, Gemüse oder Molkereiprodukte, die Markthalle ist ein Schlemmerparadies. Wo bekommen Sie sonst z. B. noch Butter aus dem «Fass»?

Lebensmittelläden und Supermärkte

In Frankreich gibt es folgende Kategorien:

- kleine Lebensmittelmärkte (Market oder Express genannt), aber auch SPAR-Geschäfte sind zu finden
- Discounter wie bei uns z.B. Lidl, Aldi, Netto, dazu Dia und Leader Price
- Supermärkte wie z.B. Real, Globus, Marktkauf, Kaufland etc. (Super oder Supermarché genannt)
- große Supermärkte, die in Deutschland nicht zu finden sind (Hyper oder Hyper-Marché genannt)

Zu den großen französischen Anbietern der Super- & Hyper-Marchés gehören: Carrefour, E.Leclerc, Intermarché, SystemU (Super U, Hyper U, U Market), Géant, Casino, Auchan und Cora. Je nach Region sind einzelne Anbieter stärker und andere gar nicht vertreten.

Wer zum ersten Mal einen französischen Super- oder Hyper-Marché besucht, kommt aus dem Staunen nicht mehr heraus. Allein der Bummel durch das enorme Angebot und die Auslagen der Fisch-, Käse-, Fleisch- und Gemüse-Abteilung ist ein Erlebnis. Und wenn Sie meinen, bei uns gibt es viele Desserts wie Joghurt, Pudding und dergleichen oder gekochten Schinken und Fischkonserven, werden Sie eines Besseren belehrt.

Wochenmärkte

Ein Marktbesuch in Frankreich ist ein Muss. Schlendern Sie durch die Gänge, vorbei an den Ständen mit frischem Obst und Gemüse, großer Auswahl von Meeresfrüchten, Wurst, Geflügel, Käse und Milchprodukten, Gewürzen und heimischen Spezialitäten. Lassen Sie sich vom betörenden Duft und der Atmosphäre verführen.

Selbstverständlich werden auf den Märkten neben den Lebensmitteln auch Textilien, Haushalts- und Lederwaren u.v.m. angeboten, aber leider stimmt bei diesen Angeboten vielfach das Preis-Leistungs-Verhältnis nicht. Sie werden feststellen, dass ein Großteil der Anbieter dieser Waren in der Nachsaison nicht mehr auf den Märkten zu finden ist; die zahlungskräftigen Touristen, die meinen auf dem Markt ist alles billig, sind abgereist. Die Einheimischen wissen bei wem sie Textilien und Haushaltswaren kaufen, und diese Händler sind auch nach der Saison noch da. Achten Sie einmal darauf.

Damit Sie den nächsten Markttermin nicht verpassen, erkundigen Sie sich vorher über die Termine.

Wein

Informatives und Wissenswertes

Wir wollen lediglich einige Grundinformationen geben. Welcher Wein aus welcher Region «Ihr» Wein ist, müssen Sie selbst verkosten. Die Geschmacksunterschiede sind genauso groß wie die Preisspannen und unzähligen Weinanbaugebiete. Bei vielen Winzern können nicht nur die Weine verkostet werden, sie bieten teilweise auch kostenfreie Stellplätze für die Übernachtung an.

FOIRE AUX VINS
Der Wahnsinn im Herbst - Weinkauf im Supermarkt

Seit Jahren hat der Handel das Geschäft mit dem Wein entdeckt. Gerade nach den Sommerferien mussten die Märkte einen Umsatzverlust hinnehmen und eine Lösung gefunden werden. Seitdem werden in allen großen Supermärkten die Weinwochen beworben. Bereits am Eingang werden Sie bildhaft von Unmengen an Weinkisten erschlagen. Das Angebot beginnt zwar bei ca. 2 €, die Hauptpreisklasse liegt bei 30 - 60 € / Fl., nach oben keine Grenze. Tatsächlich, die Verbraucher packen ihre Wagen kistenweise voll, aber nicht mit «Billigwein». Inzwischen wird der Hauptumsatz an Wein nur noch in Supermärkten gemacht. Ein Phänomen, dass bei uns in Deutschland nie möglich wäre.

Besuchen Sie einen der großen Supermärkte im September und Oktober, Sie werden staunen.

Das Wein-Etikett

soll alle wichtigen Informationen rund um den Wein vermitteln. Die EU hat mittlerweile die Angaben auf einem Weinetikett reglementiert. Es gibt zwar Pflichtbestandteile, die auf jedem Weinetikett angegeben werden müssen, aber länderspezifische Besonderheiten dürfen berücksichtigt werden.

Hauptbestandteil des Etiketts ist der Name des Weinguts. Herrschaftliche Weingüter mit einem zentralen Gebäude bezeichnen sich meist als CHÂTEAU und «normale» Weingüter als DOMAINE. Name und Anschrift des Guts findet man meist auf der Rückseite.

Unter dem Weingut sind die Pflichtangaben zum Anbaugebiet und der Qualität zu finden, z. B. «Haut-Médoc» und darunter «Appellation d'Origine Contrôlée» (AOC).

Der Name der Traubensorte wird nur angegeben, wenn der Wein aus einer einzigen Traubensorte gewonnen wurde, ansonsten werden beim sogenannten Cuvée keine Angaben gemacht.

Zusätzlich können Sie folgende Angaben finden:
- «Élevé en fûts de chêne» Der Wein wurde in einem Eichenfass (Barrique) aufgezogen.
- «Mis en bouteille au château» Der Wein wurde auf dem Weingut abgefüllt (nicht in einer Weinkellerei).
- «Mis en bouteille à la propriété» Der Wein wurde auf dem Weingut abgefüllt (nicht in einer Weinkellerei).

Die Qualitätsaussagen
- AOC (Appellation d'Origine Contrôlée): Das Gebiet, die Rebsorte, der Rebschnitt, sowie das Mindestmostgewicht und der Maximalertrag sind festgelegt.
- VDQS (Vins Délimités de Qualité Supérieure): Vorstufe zur Aufnahme in die AOC
- AOP (Appellation d'Origine Protégée): ersetzt seit 2009 laut EU-Weinmarktverordnung die Klasse AOC und VDQS.
- Vin de Pays: Landwein
- Vin de Table: einfacher Tischwein

Achten Sie auf die Weinkapseln

Sind Sie Ihnen beim Weinkauf schon aufgefallen? Jede Flasche ist mit einer Kapsel, die mit der Marianne geschmückt ist, versiegelt. Doch wozu und warum verschiedene Farben? Sie werden demnächst mit Sicherheit darauf achten.

Die Marianne

Jede in Frankreich verkaufte Weinflasche muss dieses Siegel tragen. Es zeigt, wie bei einer Steuerbanderole an, dass die entsprechende Alkoholsteuer vom Erzeuger/Abfüller bezahlt wurde.

Die Farben

 Land- und Tafelweine

 Qualitätsweine aus bestimmten Regionen (VQPRD), insbesondere mit den Ursprungsbezeichnungen (AOC) und (VDQS)

 Seit 2011 werden Qualitäts-Rotweine nicht mehr mit grün sondern mit weinrot gekennzeichnet.

Auf dem Siegel stehen aber noch weitere Informationen.
Als Beispiel der Code «83 R 036»:

Die ersten zwei Ziffern (83) geben den Abfüller an. Dies ist aber oft nicht immer auch der Erzeuger (Winzer).
Der Buchstabe (R) klassifiziert den Abfüller:
    R für Winzer, Weingut
    N für Händler
    E für ein zugelassenes Lager (nicht Winzer)
bis 2001 gab es nur R und N

Die letzten Ziffern (036) sind die Zulassungsnummer des Abfüllers. Ist die Ziffer nur mit «01» oder «02» angegeben, handelt es sich um kollektive Kapseln.

Der Restaurantbesuch

Zu Frankreich fällt den meisten zuerst Essen & Trinken ein, und dass zu Recht. Und diejenigen, die dabei nur an Frösche und Schnecken denken, werden hier eines Besseren belehrt.

Kein Land auf dem europäischen Kontinent bietet eine solche Vielfalt und Finesse von Köstlichkeiten und Zubereitungsarten wie Frankreich. Hier liebt man die Frische von Fisch, Fleisch, Butter, Obst und Gemüse. Egal ob «Haute Cuisine» oder gutbürgerliche Küche, Sie sollten sich die Erfahrung keineswegs entgehen lassen.

Für viele ist aber das Leidige dabei, dass in den meisten Restaurants die Speisekarte nur auf Französisch ist. Die Gerichte aus Spanien und Italien sind bei uns schon stark verbreitet und eingedeutscht – man kennt sie teilweise. Die französischen Bezeichnungen hingegen kennen meist nur die ausgesprochenen Gourmets. Wer also in Frankreich auf Bezeichnungen wie z. B. «Gigot de pré-salé» (Keule vom Salzwiesen-Lamm), «Cassoulet» (Bohneneintopf), «Sanglier» (Wildschwein), «Salade de gésiers» (Geflügelmagen-Salat) usw. stößt, ist oft überfordert. Daher steuern viele Urlauber eines der teilweise überteuerten Touristen-Lokale an, wo sie eine bebilderte oder mit deutschem Untertitel versehene Speisekarte vorfinden.

Das sollten Sie unbedingt wissen

- Die Essens- und Öffnungszeiten der Restaurants sind in der Regel von 12-14 Uhr und abends ab 19:30 Uhr. Sonntags sind die meisten Restaurants leider geschlossen. In Bistros, Großstädten und Touristengebieten können die Öffnungszeiten abweichen.

- In Frankreich sucht man sich im Restaurant nicht einfach seinen Tisch selbst aus, sondern wartet, bis die Bedienung den entsprechenden Tisch zuweist.

- Nennen Sie den Kellner nie «Garçon», dies ist schon fast eine Beleidigung, und Sie werden sofort als unerfahrener Tourist entlarvt. Wenn Sie die Bedienung rufen, reicht meist ein kleiner Fingerzeig oder Augenkontakt. Als Ansprache verwenden Sie bitte nur «Madame» oder «Monsieur».

- Der Gast ist zwar in Frankreich auch «König», die Bedienung aber ebenso. Behandeln Sie die Servicekraft nie wie einen Untertan, sondern selbst wie einen Gast - freundlich und zuvorkommend - ansonsten werden Sie Ihren Fehler beim Service und der Wartezeit schnell spüren.

- Wundern Sie sich nicht, wenn Sie eine Karaffe Wasser (Leitungswasser) mit Gläsern auf den Tisch gestellt bekommen. In vielen Restaurants ist dies üblich und kostenfrei.

- Das Baguette vor der Mahlzeit wird nie mit dem Messer geschnitten, sondern nur gebrochen.

- Geflügel (auch Brathähnchen) wird nicht mit den Fingern, sondern mit Messer und Gabel gegessen.

- Beilagen sind in Deutschland Hauptbestandteil des Hauptgangs, in Frankreich sind sie fast nur Garnitur, klein gehalten und stehen selten auf der Karte. Das entsprechende Fleisch- oder Fischgericht steht im Mittelpunkt und dominiert in der Größe.

- Salat zum Hauptgang ist ein «No-Go»! Wieder haben Sie sich als Tourist entlarvt, wenn Sie einen Salat zum Hauptgang bestellen. Der Salat wird entweder vor dem Hauptgericht, als Vor- oder Zwischenspeise, oder danach gegessen. Wundern Sie sich auch nicht über die großen Salatblätter, die werden weder in der Küche mundgerecht gerupft, noch sollten Sie diese auf Ihrem Teller schneiden; die Salatblätter werden vom Gast mundgerecht mit Messer und Gabel gefaltet. Auch bei Auswahl an Salatsaucen werden Sie verwundert scheitern. Salat wird nur mit Essig, Öl, Salz & Pfeffer zubereitet.

- Der Kaffee zum Abschluss ist obligatorisch, aber nie zum Dessert.

- Beim Bier ist ein «DEMI» (ein Halbes) kein halber Liter, sondern 1/4 Liter.

- Ein Café ist ein Espresso.

- Vom Käsewagen zum Abschluss nimmt man sich maximal 2-3 Stücke.

- Suppen isst man in Restaurants in der Regel nur abends.

- In «Sterne-Restaurants» sollten Sie sich zum Essen nie eine Cola oder Ketchup zum Essen bestellen.

Zahlung

Auch das schönste Essen geht zu Ende und Sie wollen bezahlen, aber es ist zu beachten:

1. Der Ausdruck «payer» (zahlen) ist hier falsch!
    Richtig ist die Aufforderung «L'addition, s'il vous plaît».

2. Die Rechnung für den Tisch wird prinzipiell nur von einer Person bezahlt. Das in Deutschland oft verwendete "Bitte getrennt" ist nicht möglich. Die Splittung müssen Sie danach unter sich selbst vornehmen.

Trinkgeld

ist auch in Frankreich üblich. Im Gegensatz zu uns rundet man den Betrag aber nicht auf, sondern lässt das Trinkgeld nach dem Zahlvorgang auf dem «Zahltellerchen» einfach liegen. Obwohl das Trinkgeld wie bei uns im Preis enthalten ist, lässt man je nach Service ca. 10 % liegen.

Menus

Es ist üblich, statt lediglich der Hauptspeise, ein komplettes Menu zu essen. Entgegen den Ihnen bei uns bekannten Menus, haben Sie Auswahl aus verschiedenen Vorspeisen, Hauptgängen und Desserts; und preislich sind Menus günstiger, als wenn Sie alles separat bestellen. Selbstverständlich sind die einzelnen Gänge des Menus etwas kleiner als die «à-la-carte» Bestellung, aber Sie werden satt – versprochen.

Im Normalfall beginnt man ein Menu mit einem Aperitif, danach folgen die Vorspeise, das Hauptgericht, der Käse, das Dessert und zum Abschluss der Café.

Sie haben häufig die Auswahl beim Menu:

- **«Entrée & Plat»** (Vorspeise & Hauptgang)
- **«Plat & Dessert»** (Hauptgang & Dessert)
- **«Menu Complet»** (Vorspeise, Hauptgang & Dessert)

Dazu gibt es Restaurants, die Menus auch incl. Aperitif, Wein und Kaffee anbieten.

Finden Sie den Ausdruck «Plat du jour», handelt es sich um das Tagesgericht.

Bei den Menus sind neben dem Preis auch die zur Auswahl stehenden Vorspeisen, Hauptgänge und Desserts erwähnt. Sie lohnen sich auf jeden Fall und Sie werden merken, dass Sie bereits ein 3-Gänge-Menu unter 15 € erhalten. Nach oben sind jedoch je nach Restaurant keine Grenzen gesetzt.

Bezeichnung der Lokale

⇨ **Bar** = Kneipe mit oftmals kleinem Speiseangebot

⇨ **Bistro** = kleines Lokal mit überschaubarer Auswahl an kleinen Gerichten zu günstigen Preisen

⇨ **Brasserie** = großes Lokal mit traditioneller Küche

⇨ **Café** = meist eine Café-Bar mit teilweise kleinen Mittagsgerichten (kein Kuchen!)

⇨ **Crêperie** = Restaurant, in welchem überwiegend nur Crêpes und Galettes serviert werden

⇨ **Ferme Auberge** = Bauernhof-Restaurant

⇨ **Glacier** = Eisdiele

⇨ **Pizzeria**

⇨ **Restaurant** = klassisches Speiserestaurant

⇨ **Relais Routiers** = Fernfahrer-Restaurant, aber nicht nur für Fernfahrer. Meist an einer Route National gelegen mit traditioneller Küche, große Portionen bei günstigem Preis.

⇨ **Rôtisserie** = Grill-Restaurant

⇨ **Salon de thé** = im Sinne des deutschen «Café». Teestube, in der aber auch Kaffee, Torten und Kuchen serviert werden.

Liebhaber von Fastfood kommen in Ballungszentren auch auf ihre Kosten, in ländlichen Regionen sind die amerikanischen Ketten aber noch verpönt.

Finden Sie beim Lokal den Ausdruck «A Emporter», ist das Essen auch zum Mitnehmen.

Einige Vokabeln aus der Speisekarte

Garstufen beim Fleisch (Steak)

Deutsch	Französisch	Englisch
roh	bleu	raw
blutig bis rosa	saignant	rare
rosa, englisch	à point *oder* anglais	medium rare
halb durchgebraten	demi-anglais	medium rare
durchgebraten	bien cuit	well done

Einige Ausdrücke auf der Speisekarte A-Z

Agneau	Lamm
Andouillette	Wurst aus Darm u. Magen
Bovin / bœuf	Rind
Brochette	Spieß
Caille	Wachtel
Canard	Ente
chaud(e)	warm
Chèvre	Ziege
Chevreuil	Reh
Confit de canard	in Fett gekochtes Entenfleisch
Côte, côtelette	Kotelette
Cuisse	Schenkel
Cuit	gekocht
Dessert	Nachtisch
Dinde	Pute
Entrée	Vorspeise
Escalope	Schnitzel
Escargots	Schnecken
Foie	Leber

froid	kalt
Fromage	Käse
Fruits de Mer	Meeresfrüchte
Gésier de canard	Entenmagen
Gigot	Keule
Glace	Eis
gratiner	überbacken
Grenouille	Frösche
Griller	gegrillt
Barbecue-à-la-Plancha	auf einer Platte gegrillt
Hors-d'œuvre	Vorspeise
Lapin	Hase / Kaninchen
Plat	Hauptgang
Poisson	Fisch
Porc	Schwein
Poule	Huhn
Rognons	Nieren
Sanglier	Wildschwein
Soupe	Suppe
Steak	Steak
Steak haché	Hacksteak
Taureau	Stier
Tête de veau	Kalbskopf
très chaud(e)	heiß
Veau	Kalb
Viande	Fleisch
Volaille	Geflügel

Alle gastronomischen Übersetzungen würden den Rahmen sprengen. Wir empfehlen Ihnen die Verwendung einer App oder eines kulinarischen Sprachführers Französisch / Deutsch.

Spezialitäten, die Sie kennen sollten

Assiette de la mer

Jedes Land hat seine eigenen Spezialitäten, die aber im Ausland nicht immer bekannt sind oder nur teuer als Delikatesse gehandelt werden.

Hier eine kleine Auswahl

Assiette de la mer oder Plat de fruit de mer

Die Meeresfrüchteplatte

Ein Leitfaden, nicht nur für Anfänger. Egal ob als Vorspeise, als Hauptgang für sich allein oder als große Platte zum gemütlichen Beisammensein, in fast jedem Lokal am Meer steht diese Platte auf der Karte. Für Kenner, Genießer und Meeresfrüchte-Liebhaber gehört sie immer wieder dazu.

Erstmals damit konfrontiert, stellen sich die Fragen:
„Was ist das alles?"
„Wie wird es gegessen?"
„Was davon kann ich essen?"

Vorab sei gesagt, die Platten variieren nicht nur preislich von Lokal zu Lokal, sondern auch von den servierten Muscheln und Krustentieren. So ist z. B. bei Platten mit Hummer oder Languste ein Mehrpreis zu zahlen, wenn diese Köstlichkeiten nicht direkt mit angegeben sind. Ansonsten steht auf der Karte immer, welche Meeresfrüchte serviert werden.

Alles wird kalt serviert! Die Muscheln, außer den Austern, wurden jedoch zuvor gekocht. Die Auswahl wird auf Eis, je nach Größe und Lokal, entweder auf einem Teller, einer Platte, einer Pyramide oder in einem Boot mit Zitrone, Schalotten in Rotweinessig und Mayonnaise serviert. Dazu gibt es Baguette und als Getränk wählt man einen trockenen Weißwein (z. B. Muscadet sur Lie). Gegessen wird bei dieser Platte prinzipiell mit den Fingern.

Wenn Sie noch nie eine solche Platte gegessen haben, wagen Sie sich einmal daran. Beginnen Sie einfach mit einer kleinen Assiette de la Mer, wie sie als Vorspeise (z. B. auch bei einer Menu-Auswahl) angeboten wird; oder testen Sie zuerst einmal die Bulots oder Austern, die am Meer fast immer auf der Karte stehen.

Das kann auf der Platte sein und so wird es gegessen:

BULOTS (Wellhornschnecke)
Mit einer Hand wird die Schnecke gehalten und mit der, einem Spies ähnlichen, langen Gabel in der anderen Hand wird die Schnecke aus dem Gehäuse gezogen. Vor dem Verzehr entfernt man die kleine knochenartige Platte, andere entfernen auch das am Ende hängende bräunliche Gedärm. In einfachen Lokalen wird statt der Gabel ein Zahnstocher serviert.

BIGORNEAUXS (Strandschnecke)
Die kleine, schwarze Strandschnecke ist für manche fast eine Zankerei, dafür ist sie aber sehr schmackhaft. Gegessen wird sie genauso wie die Bulot, jedoch wird statt der Gabel ein kleiner Metallstocher verwendet. Einfache Lokale legen teilweise auch nur eine aufgebogene Büroklammer bei.

PALOURDES   **AMANDES**   **MOULES**
(Venusmuschel)   (Meermandel)   (Miesmuschel)
werden einfach mit der Gabel aus der Schale gelöst und gegessen.

AUSTERN
Man löst die Auster mit der Gabel von der Schale, träufelt je nach Geschmack Zitrone oder Vinaigrette darauf und schlürft sie leise aus. Manche essen sie am liebsten pur. Eine Auster wird nicht einfach geschluckt, sondern gekaut; nur so kommt der Geschmack zur Geltung.

CREVETTES Gries
(Sandgarnele, klein und grau)

CREVETTES ROSE (Garnele)

Die Crevetten werden von Hand vom Panzer und je nach Größe auch vom Darm befreit. Danach isst man sie meist mit Mayonnaise.

TOURTEAU (Taschenkrebs)
Die Krabben (Crabes) sind meist bereits geöffnet. Die Scheren öffnen Sie mit der beigelegten Zange. Manche verabscheuen den Verzehr des Inneren im Körper, da sie es als unappetitlich empfinden. Für Gourmets ist dies jedoch das Beste am Krebs und die Schale wird ausgelöffelt.

LANGOUSTINES (kleine Langustine, Scampi)
Sie werden vom Panzer befreit und der Darm wird herausgelöst. Danach isst man sie meist mit Mayonnaise. Die kleinen Scheren enthalten fast kein Fleisch.

LANGOUSTE (Languste)
HOMARD (Hummer)
Hier gilt das gleiche Prinzip wie beim Tourteau, wobei beide im Körperinneren ein sehr schmackhaftes Fleisch besitzen und je nach Geschmack nur der Magen und Darm entfernt wird. Aus den mit der Zange aufgebrochenen Scheren wird das Fleisch mit einer langen Gabel gepult.

Auch wenn eine solche Platte mit den Fingern gegessen wird, so sollte man Crevetten oder Langusten im Hauptgang mit Messer und Gabel essen, um sich die Finger nicht mit der Soße zu beschmutzen. Halten Sie den Schwanz mit der Gabel und schneiden ihn mit dem Messer ab. Danach am Hals festhalten, mit dem Messer den Panzer entfernen und zum Schluss den Kopf abschneiden.

Die Austern / Huîtres

Für den einen eine Köstlichkeit, für andere ein No-Go.

Die Auster, bei uns gilt sie als Spezialität, wofür teilweise hohe Preise bezahlt werden und von vielen als Luxus angesehen wird, um sie mit einem Glas Champagner zu genießen.

In Frankreich gehört sie einfach dazu, selbst für Kleinkinder sind sie nichts Besonderes. Dazu ist der Preis erschwinglich, ein Dutzend Austern kostet vor Ort je nach Herkunft und Größe zwischen 4 € und 8 €.

Pro Jahr werden in Frankreich schätzungsweise 150.000 t Austern geerntet, davon landen über 90 % auf französischen Tellern und 50 % der Gesamtproduktion werden zu Weihnachten / Neujahr verzehrt.

Aber Auster ist nicht Auster. Kenner wissen um die Unterschiede und jeder hat nach seinem Geschmack einen Favoriten. Für den Geschmack sind neben der Austernart die unterschiedlichen Meeresböden und die Veredlung entscheidend. Austern sind gesund, haben fast kein Fett und Kalorien, aber viele Proteine, Mineralstoffe und Spuren-elemente. Die verbreitete Meinung der aphrodisierenden Wirkung hingegen ist wissenschaftlich nicht nachgewiesen, aber der Glaube versetzt ja bekanntlich Berge.

Die Arten

- **«Huître creuse»** (Pazifische Felsenauster) wird überwiegend gezüchtet, 95% der Gesamtproduktion

- **«Huître plate»** (Europäische Auster) ist eine platte im Schlick lebende Auster, z. B. die Belon-Auster

Achtung: Im Sommer finden Sie oft den Zusatz „Non Laiteuse". Dies bedeutet, dass die Austern klar und nicht, wie im Sommer üblich, milchig sind. In dieser Zeit konzentriert sich der Organismus der weiblichen Austern auf die Zeugung und Geburt. Dadurch werden sie milchig. Sie sind aber fast genauso bekömmlich wie im Winter, viele empfinden sie aber als unappetitlich.
Somit: Laiteuse = milchig / Non Laiteuse = nicht milchig (klar)

Die Größen-Kategorien

Die Größen werden in den Kategorien 000 bis 5 eingeteilt. Hierbei ist Nummer 5 die Kleinste, die Nummer 000 die Größte. Am meisten werden die Größen 2 und 3 verkauft. Je größer die Auster, desto weniger salzig ist sie im Geschmack.

Handelsbezeichnung

- **«Huîtres de parc»** etwas für Puristen.
  Sie sind nicht veredelt, also nicht geklärt worden.
- **«Fines de claire»**
  Standardqualität. Sie sind mehrere Wochen in Klärbecken gelegen. Sie haben einen reinen, salzigen Geschmack.
- **«Spéciales de claire»**
  wurden länger als die «Fines de claire» geklärt. Sie haben einen milderen und weniger salzigen Geschmack.
- **«Huîtres sauvages»**
  Große Austern, zum Kochen geeignet.
- **«Pied de cheval»**
  Sehr große, Europäische Auster. Selten und teuer. Überwiegend Asiaten lieben diese Auster.

Zusatzbezeichnungen nach der Herkunft

- **«Marennes-Oléron»**
  aus der Region vor Oléron. Sie sind erkennbar an der grünen Farbe des Fleisches. Sehr gute Qualität.
- **«Bélon-Austern»**
  die „Bélon", eine Europäische Auster, wird nur im gleichnamigen Fluss Bélon gezüchtet und ist teurer als die anderen genannten.
- **«Huître spéciale d'Isigny»**
  aus Isigny (Normandie) mit einem feinen Nußgeschmack

Herkunftsgebiete

Die Normandie

Von deren Küste stammen etwa 25 % der jährlichen Austernproduktion. Die Hauptgebiete sind die Gegend von Isigny-sur-Mer und die West- und Ostseite der Halbinsel Cotentin. Hier wird die Pazifische aber auch die Europäische Auster gezüchtet.

Die Bretagne

Fast an der gesamten Küste der Bretagne werden Austern gezüchtet. Besonders stechen hier hervor:

*   Cancale, für die meisten einer der bekanntesten Orte. Hier wird neben der Pazifischen Auster auch wieder die Europäische Auster gezüchtet. Durch den Tidenhub ein idealer Ort, da sie eine Tiefe von 3-15 m benötigt.
*   Belon, die berühmteste Auster. Eine «Huître plate», die im Fluss Belon heranwächst, dessen Wasser durch Ebbe und Flut einem ständigen Wechsel unterliegt. Sie gilt als eine der teuersten und schmackhaftesten Austern.
*   Andere bekannte Gebiete sind Rivière d'Étel, Quiberon, Golfe du Morbihan, Pernef und Croisic.

Die südliche Atlantikküste

Auch hier findet man, wie in der Bretagne, zahlreiche Austernzüchter, die weniger werden, je südlicher es geht. Bekannte Gebiete sind hier:

*   Noirmoutier (eine kleine Insel in der Vendée)
*   Île de Ré (eine Insel vor La Rochelle)
*   Marennes-Oléron, die weltberühmte Austerngegend im Küstengebiet der Region Charente-Maritime. Hier werden ca. 45% der Jahresproduktion geerntet. Marennes-Oléron-Austern sind erkennbar an ihrem grünen Fleisch und werden je nach Qualität verschieden geklärt. So werden auch ehemalige Salzgärten zur Klärung verwendet, die im Frühjahr trockengelegt und gereinigt werden.
*   Arcachon ist seit Jahrhunderten von der Austern-kultivierung geprägt, hatte aber durch Umwelteinflüsse immer wieder mit großen Einbußen zu kämpfen.

Mittelmeer

Auch in der Region Languedoc, speziell im Bassin de Thau, werden Austern gezüchtet. Mangels Ebbe & Flut müssen hier die Austernzüchter andere Kultivierungsmethoden einsetzen.

Das Öffnen der Auster

Im Restaurant müssen Sie sich um diese Prozedur keine Gedanken machen, Sie bekommen sie geöffnet serviert.

Haben Sie Ihre Austern jedoch auf dem Markt oder beim Züchter gekauft, steht Ihnen diese Aufgabe bevor, die eigentlich sehr einfach, aber nicht ungefährlich ist. Die Ärzte können zur Weihnachtszeit Bücher darüber schreiben.

Zum Öffnen benötigen Sie ein spezielles Austernmesser und für Anfänger ist ein Austernhandschuh zu empfehlen, der vor Verletzungen schützt. Am besten lassen Sie sich für das erste Mal das Öffnen vom Verkäufer zeigen.

Vor dem Öffnen wir die Auster gereinigt und von Schmutz befreit. Die Auster muss noch geschlossen sein, geöffnete Austern sind ungenießbar.

Der Rechtshänder zieht links den Handschuh an, oder schützt die Hand mit einem dicken Handtuch. Mit der gewölbten Seite wird die Auster nach unten in die linke Handfläche gelegt und umfasst, wobei die Spitze zum Körper zeigen muss. Das Austernmesser wird nun entweder an der Seite oder am Muskel (spitzes Ende) angesetzt und leicht in die Schale gebohrt. Durch Drehen werden die Schalenhälften dann aufgehebelt und der mittlere Muskel durchtrennt.

Wie wird die Auster gegessen

Üblicherweise wird die Auster unmittelbar nach dem Öffnen verzehrt. Dabei wird nach dem Öffnen das Wasser in der Schale ausgeschüttet, das danach aus der Auster nachlaufende Wasser bleibt jedoch erhalten.

Man schlürft die gelöste Auster aus der Schale aus, nachdem man sie entweder zuvor mit Zitrone oder mit einer Vinaigrette beträufelt hat. Eine Auster wird nicht einfach geschluckt, sondern gekaut, nur so kann der Geschmack zur Geltung kommen.

Neben der üblichen Variante werden auch gebratene, gebackene und gekochte Zubereitungsarten in Restaurants angeboten.

Unser Tipp: Am besten genießen Sie die Austern bei einem Austernbauer vor Ort, erkennbar an der Außenwerbung «Degustation». Hier erhalten Sie meist ein Dutzend Austern mit Brot und Butter, dazu 1 Glas Wein für ca. 10 €.

Eclade de moules (Foto S. 114)

Eine Spezialität aus der Charente-Maritime.
Die andere Art der Muschel-Zubereitung.

Ob auf der Île d'Oléron, Île de Ré oder in Marennes, es werden ab Mitte / Ende Juni die Feuer entfacht. Seit Jahren kann man die «Eclade de moules» bei den Austern- und Muschel-züchtern verkosten; vereinzelte Restaurants haben jetzt aber auch nachgezogen. Der Atmosphäre wegen genießt man die Köstlichkeit aber am besten bei den Züchtern mit Brot, Butter und einem Weißwein.

Moule à la crème, Moula à la marinière usw. kennt fast jeder Frankreich-Urlauber. Die «Eclade de moules» ist aber den meisten Urlaubern - auch Franzosen - durch die Regionalität fast unbekannt. Den deutschen Beamten des Gesundheitsamtes würden sich die Haare sträuben. Die Miesmuscheln werden ringförmig auf ein Holzbrett geschichtet und danach gesammelte Piniennadeln in einer Höhe von ca. 30-40 cm aufgeschüttet. Nun werden die Piniennadeln angezündet und gewartet, bis sie komplett abgebrannt sind. Zum Schluss einfach die Restasche von den Muscheln wedeln und servieren.

Es erwartet Sie eine wahre Gaumenfreude. Kräftig und leicht salzig, ein intensiv würziger Geschmack, umspielt vom Duft der Pinie. Messer und Gabel werden nicht serviert, die heißen Muscheln werden von Hand geöffnet und direkt verzehrt. Schnell bemerkt man seine schwarzen, rußigen Finger; weiße Kleidung ist daher beim Verzehr nicht angebracht. Nach dem Mahl wäscht man sich die Hände mit Seife und Wurzelbürste an dem in der Nähe befindlichen Waschbecken.

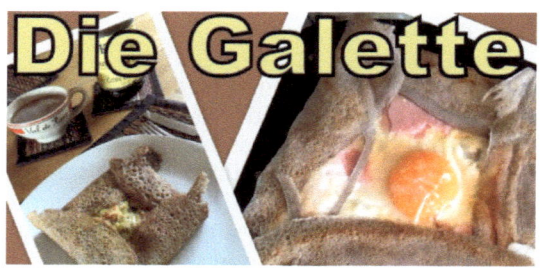

Andouillette

Galette (Foto S. 114)
bretonisch: «Krampouezhenn»

Die Crêpe kennen viele, ob als Dessert oder als schnelle Kleinigkeit an einem Crêpe-Stand. Die Galette ist das herzhafte Gegenteil zur Crêpe, eine Hauptmahlzeit und nur wenigen hierzulande bekannt, von Frankreich-Urlaubern und Bretagne-Fans einmal abgesehen.

Die Galette hat ihren Ursprung in der Bretagne, wird statt mit Weizenmehl mit Buchweizenmehl (Farine de Sarrasin) hergestellt und war zu früheren Zeiten der Brotersatz. Der Teig wurde über offenem Feuer auf einem heißen Stein gebacken, den man «Jalet» nennt und somit der Namensgeber der Galette ist.

Einst brachten die Kreuzritter den Buchweizen mit nach Frankreich, der wegen seiner dunklen Farbe seinen Namen «Sarasin» erhielt. Für die bretonischen Bauern war die Feldfrucht ein Geschenk, denn auf den kargen Böden der Bretagne gedieh das Pseudogetreide bestens und war bereits in 4 Monaten reif. Hinzu kam für die Bauern der Vorteil, dass man aus dem kleberfreien Mehl kein Brot backen konnte und somit keine Steuern darauf entrichtet werden mussten. Bis heute ist die Galette nicht nur eines der bretonischen Nationalgerichte, sondern hat auch ihren Siegeszug über die Grenzen von Frankreich hinaus angetreten.

Die Galette wird traditionell nur aus Buchweizen, Salz und Wasser hergestellt. Für das Backen wird statt des heißen Steins ein Crêpe-Eisen oder eine Crêpe-Pfanne verwendet.

Klassisch wird die Galette als «Galette complète» serviert, mit Käse, Spiegelei und gekochtem Schinken. Aber auch hier sind, was den Belag betrifft, keinerlei Grenzen gesetzt.

Rezepte für den Teig, die Zubereitung und Zutaten finden Sie in Kochbüchern und auf unserer Webseite

Piment d'Espelette   (Foto S. 114)
Eine französische Chilisorte,
die vom Geschmack ihresgleichen sucht.

Manche Frankreich-Urlauber haben den Chili mit Sicherheit schon gesehen oder davon gehört, aber was zeichnet ihn aus, und warum ist er teurer als andere Sorten? Preiswerten Chili kann man im Supermarkt schon ab 9,90 € / kg kaufen, Piment d'Espelette in AOC bzw. AOP-Qualität kostet aber im Schnitt ab ca. 150 € / kg und das nicht ohne Grund.

Ursprung
Piment d'Espelette wird nach den AOC-Richtlinien im Gebiet rund um Espelette hergestellt. Espelette ist eine Stadt im französischen Baskenland, zum Département Pyrénées-Atlantiques gehörend, und liegt ca. 25 km südlich von Biarritz.

Ein Strauch trägt zwischen 15 und 30 Früchte, die nach einer Reifezeit von ca. 70 Tagen eine Länge von 8 - 13 cm erreichen. Auf der Scoville-Skala erreichen die Früchte eine Schärfe zwischen 1.500 - 2.500 Grad.

Verarbeitung
Die Schoten werden meist Ende Oktober von Hand geerntet, zu Zöpfen gebunden und in der Sonne getrocknet. In Espelette und den Nachbardörfern findet man reichlich Gebäude, an denen die Zöpfe nicht aus Schönheit, sondern zum Trocknen hängen. Nach der Trocknung werden sie zu Pulver gemahlen und verpackt.

Wofür
Piment d'Espelette wird vielfältig in der Küche für Fleisch, Fisch, Saucen, aber auch bei der Wurstherstellung oder für Konfitüre und Schokolade eingesetzt. Weltweit schwören viele Gourmets und Sterneköche auf diese sehr aromatische Chilivariante. Das fruchtige und leicht rauchige Aroma mit einer pikanten Schärfe genießt man am besten, indem die Speisen erst nach oder kurz vor Beendigung des Garvorgangs gewürzt werden.

Andouille und Andouillette (Foto S. 114)
Die Wurst für Wagemutige - man mag sie oder nicht.

Ob beim Metzger in der Auslage oder im Restaurant, sie ist nicht wegzudenken, die Andouille. Unwissende probierten sie, denn eine Wurst kann ja nichts «Schlechtes» sein und doch war es für viele Urlauber der erste und letzte Versuch; sie ist einfach nicht jedermanns Geschmack. Daher bleiben Kellner und Wirte nach dem Servieren gerne etwas länger beim deutschen Touristen am Tisch stehen, damit ihnen deren Gesichtsausdruck beim ersten Bissen nicht entgeht. Je nach Zusammensetzung hat sie einen eigenartigen, fast strengen Geruch - fast wie... naja. Wie sagte bereits der Bürgermeister «Edouard Henriot» von Lyon? "Politik ist wie die Andouillette: Sie muss nach Scheiße riechen, aber nicht zu stark."

Wie man es in Frankreich kennt, wird hier fast alles vom Tier als Lebensmittel verarbeitet, und um diese Wurst ranken sich nicht nur viele Legenden, sondern auch handfeste Streitigkeiten sind angesagt, wenn es um die Frage geht: "Welche Region stellt die beste Andouillette her?".

Seit wann vor dem 15. Jahrhundert es die bäuerliche Wurst «Andouillette» gibt, ist nicht genau überliefert, ihren Ursprung soll sie angeblich in Lyon haben.

Doch was ist nun drin in der berüchtigten Andouillette?
Vereinfacht gesagt: Därme und Magen, also das Gekröse vom Tier. Dazu unterscheiden sich die Zutaten, deren Mischung und Gewürze von Region zu Region. Die Wurst aus Lyon wird überwiegend nur aus dem Gekröse vom Kalb, aus anderen Regionen vom Schwein und Lamm oder einer Mischung derselben hergestellt. Auch Geflügelmägen, Herz, Leber und Lunge können darin verarbeitet sein.

Nun zum kleinen Unterschied von Andouille und Andouillette:

Die Andouille ist stärker gewürzt, besteht nur aus Därmen und ist im Geschmack gegenüber der Andouillette milder.
Die bekanntesten Sorten sind:
Andouille de Vire (Normandie) und
Andouille de Guémené (Bretagne).

Die Andouillette ist weniger gewürzt, dafür ist jedoch ihr Geschmack extremer und der Geruch stärker.
Am bekanntesten ist die Andouillette de Troyes (Grand Est).

Übrigens:
Für die Andouille gibt es auch ein Qualitätssiegel, das fast passende «AAAAA» (Association amicale des amateurs d'andouillettes authentiques).

Egal, ob warm oder kalt, auch bei den Franzosen: die einen lieben und die anderen verpönen sie. Wer sie noch nie probiert hat, aber den Mut hat und kein Gegner von Innereien ist, sollte sie wenigsten einmal im Leben kosten.

Zu guter Letzt: Andouille wird auch als Ausdruck für «Dummkopf» gebraucht.

Die Jahrgangs-Sardine (Foto S. 114)
Ein Werbegag oder was ist dran?

Jeder Weinkenner weiß, dass es gute und schlechte Jahrgänge gibt. Aber auch bei Sardinen?

Seit vielen Jahren gibt es in Frankreich die Jahrgangs-Sardine. Bei uns in Deutschland ist sie, außer in speziellen Feinkostgeschäften, fast nicht erhältlich. Bei Gourmets ist sie bekannt und beliebt. Hier ist sie eine Billigfisch Konserve, die es ab 75 Cent im Supermarkt gibt. Für die Jahrgangs-Sardine müssen ab 4 € aufwärts je Dose bezahlt werden; Sammlerstücke können 100 € und mehr erreichen. Einigen mag dies unverständlich ein, doch beim Wein ist es auch nicht anders.

Aber zurück zur Sardine, was zeichnet die Jahrgangs-Sardine aus?

Die preiswerten Sardinen in der Dose werden nach dem Fang auf den Hochseekuttern schockgefroren, später in der Fischfabrik aufgetaut, maschinell verarbeitet und mit einfachem Öl in Dosen verpackt, fertig.

Die Jahrgangs-Sardine wird meist im September direkt vor der Küste der Bretagne und Vendée gefangen und frisch an Land gebracht. Statt Maschinen warten in der Conserverie eifrige Hände auf die Verarbeitung. Jede einzelne Sardine wird von Hand entschuppt, geköpft und ausgenommen. Speziell das Entfernen der Därme und Innereien erfolgt gegenüber der maschinellen Verarbeitung viel sorgfältiger. Die Gedärme und Innereien sind nicht nur schlecht verdaulich sondern geben der Sardine einen unangenehmen Beigeschmack, wie er oft bei «Billigsardinen» vorkommt. Die Reinigung von Hand dagegen erfolgt behutsam und sehr gründlich und ist für den feinen Geschmack ausschlaggebend.

Versuchen Sie einmal, diesen kleinen Fisch mit einem scharfen Messer zu schuppen und zu reinigen, ohne den zarten Körper zu zerdrücken, dann wissen Sie, welche Fingerfertigkeit erforderlich ist.

Doch damit nicht genug. Danach werden die Sardinen in Salzwasser gewaschen und einzeln auf einem Gestell in einer Trocken-Anlage getrocknet. Dadurch bildet sich eine feine Salzkruste auf der Sardine. Später werden die Sardinen bei 100°C in Sonnenblumenöl frittiert und wieder einzeln aufgehangen. Damit die Sardinen in die Dose passen, werden sie nun letztmalig von Hand mit einer Schere passend an Schwanz und am Kopfende zugeschnitten und in die Dose gelegt. Zum Abschluss wird die Dose mit bestem kaltgepresstem Olivenöl aufgefüllt, bevor dann eine Maschine den schmucken Jahrgangsdeckel aufsetzt und in einer Spezialanlage konserviert.

Je länger die Sardine nun in der Dose reift, desto feiner wird sie im Geschmack. Selbst die feinen Gräten sind dann nicht mehr zu spüren. Diese Sardine ist wirklich ein Genuss. Selbst Sardinengegner, die wegen der Gräten oder dem teilweise tranigen oder bitteren Beigeschmack mancher Sardinen-Konserven diesen Fisch meiden, haben ihre Meinung geändert, nachdem sie den geschmacklichen Unterschied der Jahrgangs-Sardine kennengelernt haben.

Confit de canard
Ein beliebtes Gericht aus Südfrankreich
und fast überall zu haben.

Frankreich-Insider kennen Confit de canard. Andere haben die Dosen verschiedener Marken mit Sicherheit schon einmal in einem französischen Supermarkt gesehen oder den Begriff auf einer Speisekarte gelesen. Was sich dahinter verbirgt, verraten wir Ihnen.

Confit hat seinen Ursprung in Südfrankreich, vor allem in der Region Aquitaine. Durch die Herstellung des Foie gras (Geflügelstopfleber), die überwiegend aus Enten gewonnen wird, fällt durch die spätere Schlachtung logischerweise viel Entenfleisch an. Confit ist eine alte Haltbarmachung des Fleisches, bevor es Kühlung und Konserven gab, die sich bis heute gehalten hat und ein beliebtes Gericht ist.

Die Geflügelteile werden mit Salz eingerieben und nach einer Ruhezeit angebraten. Im eigenen Fett werden die Teile je nach Rezept mit verschiedenen Gewürzen dann bis zu mehreren Stunden gegart. In Steintöpfen wurde danach das Fleisch im eigenen Fett gelagert und mit einer dicken Fettschicht abgedeckt, um es für mehrere Monate haltbar zu machen.

Nach zirka 2-3 Wochen hat sich das Aroma entwickelt und das Fleisch kann kalt oder angebraten gegessen werden.

Heute ist es aus der Dose, die den Steintopf ersetzt hat, ein schnelles Gericht. Dose auf, im eigenen Fett aufwärmen oder anbraten und fertig ist das Essen.

Auch in Restaurants ist das Confit de canard auf der Speisekarte zu finden.

Fleur de Sel
ist nicht einfach ein Salz.

Die «Salzblume» ist das teuerste Meersalz, aber Mondpreise (bis zu 80 € / kg), wie im deutschen Handel, müssen nicht sein. Am besten kauft man das Fleur de Sel in seinem Urlaub direkt beim Salzbauern, den man in der Guérande und in der Camargue «Paludier» und auf der Île de Noirmoutier und auf der Île de Ré «Saunier» nennt. Dort sind, je nach Verpackungsgröße und -art, Salzbauer und Ernteertrag, max. 16 € / kg zu bezahlen.
.

Wie entsteht Fleur de Sel
Das Meerwasser des Atlantiks wird durch ein verzweigtes Kanalsystem in die, in den Lehmboden unterschiedlich tief gegrabenen, Becken geleitet. Sonne und Wind lassen das Wasser verdunsten und die Salzkonzentration steigt kontinuierlich an. Ständig muss der Salzbauer den Wasserstand regeln und die Becken pflegen, bis in den letzten flachen Becken des Salzgartens das Wasser schließlich gesättigt ist. Der Großteil der Salzkristalle sinkt zu Boden und wird als grobes Meersalz geerntet. Bei idealen Wetterbedingungen entstehen auf der Wasseroberfläche feine Salzflocken, die auf der Oberseite treiben. Ideale Wetterbedingungen, Sonne, kein Regen oder starker Wind sind die Voraussetzungen für die köstliche Salzblume. Zeit zur Ernte, es ist Handarbeit angesagt. Jetzt darf es nicht regnen, sonst wird die Salzblume, das Fleur de Sel, zerstört. Mit einem Holzschieber wird das Fleur de Sel vorsichtig von Hand ans Ufer gezogen und unter Planen bis zur Verpackung geschützt.

Fleur de Sel – wozu
Gegenüber dem «normalen» groben oder feinen Salz, hat Fleur de Sel durch seine Struktur nicht nur einen einzigartigen, zarten und leicht knusprigen Geschmack, sondern auch ein milderes Aroma.

Wie bei allem, ist auch hier der Geschmack und die Zartheit des Salzes ausschlaggebend.

Dazu kann es durch die Bodenbeschaffenheit und Wetterbedingungen bei diesem Naturprodukt zwischen den einzelnen Regionen zu leichten Geschmacksunterschieden kommen. Kenner stellen auch fest, dass das Fleur de Sel von der Atlantikküste weniger salzig und aromatischer ist, als das Fleur de Sel aus den großen Salinen des Mittelmeeres. Fleur de Sel wird nicht zum Kochen verwandt, das wäre reine Verschwendung, die man auch nicht schmecken würde. Auch in Salzmühlen hat Fleur de Sel nichts zu suchen; die zarten, schneeflockenartigen Kristalle würde man zerstören und das Mühlwerk durch die Restfeuchte des Salzes blockieren.

Fleur de Sel wird eingesetzt für das Frühstücksei, Salate und auf Fisch und Fleisch nach der Zubereitung, damit die Salzstruktur erhalten bleibt.

🎱 Wussten Sie, dass…

Kurioses und Fettnäpfchen
(Quellennachweise am Ende)

Pünktlichkeit
ist eine deutsche Tugend. In Frankreich jedoch ist es unhöflich, zu einer Einladung pünktlich zu kommen. Wenn Sie z. B. für 20 Uhr bei Freunden zum Essen eingeladen sind, kommen Sie bitte prinzipiell 15-20 Minuten später, das wird vom Gastgeber erwartet. Aber: haben Sie einen Termin beim Notar, Anwalt oder einer sonstigen «Respektsperson» sollten Sie unbedingt pünktlich sein. Der Ranghöhere, also z. B. der Notar, darf sich dagegen unentschuldigt verspäten.

Bestellen sie nie ein Baiser!
Sie haben Lust auf ein Baiser, dann sollten Sie beim Kauf in Frankreich nie den Begriff BAISER verwenden. In Frankreich heißt es Meringue!

Falls Ihnen doch das Wort Baiser aus dem Mund rutscht, dürfen Sie sich nicht über böse Blicke oder Beschimpfungen wundern. In Frankreich bedeutet Baiser: Küssen (Sie wollen sie / ihn also küssen) und schlimmer, in der Umgangssprache wird es für das vulgäre F-Wort verwendet (Sie wollen sie / ihn…).

Also - machen Sie Ihrem Gegenüber besser kein unmoralisches Angebot.

Je suis chocolat
auf Deutsch: Ich bin Schokolade; bedeutet in Frankreich aber: «Ich bin angeschmiert».

Das weichgekochte Ei
Bei uns wird das Frühstücksei nach dem Köpfen ausgelöffelt. Der Franzose benutzt keinen Löffel, sondern tunkt einen Streifen Weißbrot in das Ei; das Weißbrot ist sein Löffel.

Merci beaucoup
Aufgepasst: Eine falsche Aussprache kann zu Peinlichkeiten führen. Jeder kennt «Merci beaucoup», also «Vielen Dank». Wenn aber bei der Aussprache «Merci beau cul» daraus wird, wundern Sie sich nicht über den Gesichtsausdruck Ihres Gegenübers; Ihnen als Tourist wird man wohl die Aussprache verzeihen, denn sie sagen dann: «Danke, schöner Arsch».

Ein halbes Bier
Beim Bier ist «une demi» (ein halbes) keineswegs ein halber Liter. Es handelt sich um einen viertel Liter.

Feuerwerk
Silvester in Frankreich und kein Feuerwerk? Privatpersonen dürfen kein Feuerwerk entzünden, und der Besitz oder die Einfuhr von Deutschland nach Frankreich von Raketen und Böllern der Klasse 2 (ab 18 Jahre) ist verboten. Ein Feuerwerk wird nur von den örtlichen Behörden zu bestimmten Anlässen veranstaltet. Wundern Sie sich also nicht, wenn der Himmel an Silvester dunkel bleibt.

Pariser Politessen
werden «Les aubergines» genannt. In den Siebzigerjahren bekamen die Politessen neue Uniformen, die an eine Aubergine erinnerten - und der Spitzname für die Damen war geboren. Alle Versuche von neuen Uniformen blieben erfolglos. Die Pariser blieben bei dem Ausdruck «Aubergine».

Blumen
werden nicht in Papier gehüllt, sondern kunstvoll in Folie verpackt - und so sollen sie auch übergeben werden. Also nicht auspacken vor der Übergabe.

Früchte
werden am Tisch prinzipiell mit Messer und Gabel gegessen.

Austern, Frösche, Schnecken
Fast 150.000 Tonnen Austern werden pro Jahr in Frankreich produziert, davon landen jedoch ca. 90 % ausschließlich in französischen Mägen. Auch Frösche und Froschschenkel sind beliebt, fast 150 Mio. Tonnen pro Jahr werden konsumiert und von ca. 500 Mio. Schnecken pro Jahr übertroffen. Sie wollen wissen warum, dann sollten Sie sie einfach mal probieren.

2x Neujahr
Neujahr am 1. Januar ist bekannt, aber in Frankreich gibt es nach Ende der Sommerferien das sogenannte «rentrée» (Rückkehr). Nach fast 2 Monaten Ruhe beginnt ein Neues Jahr.

Rote Ampel
gilt nur für Autofahrer und andere Verkehrsteilnehmer. Und die sollte man als Fahrer auch beachten, um keinen Fußgänger als neue Kühlerfigur zu haben oder ein teures Bußgeld zu bezahlen. Fußgänger dagegen, selbst Polizisten oder Mütter mit Kindern, gehen, nachdem man einmal nach rechts und links geblickt hat und sich kein Fahrzeug nähert, bei Rot über die Ampel - es ist erlaubt.

Aber erschrecken Sie nicht in Paris, dort ertönt beim Überschreiten der Fahrbahn bei roter Fußgänger-Ampel durch einen Lautsprecher das Geräusch quietschender Autobremsen. Dadurch soll der Fußgänger auf seinen Fehler aufmerksam gemacht werden.

Kuchen & Teilchen
auf den Pappteller und Papier drum gewickelt - fertig - so kennen wir es. In Frankreich wird selbst das kleinste Tartelette schmuckvoll in einen schön bedruckten Karton verpackt. Teilweise zu schön um wegzuwerfen, denn das Auge ist schließlich mit.

Die teuerste Kartoffel

kommt von der Île de Noirmoutier im Atlantik (bei Nantes). Bonnotte heißt diese kleine Knolle, die es nur ab Anfang Mai für maximal 2 Wochen zu kaufen gibt. Angeblich wurde einmal in einem Auktionshaus 1 kg für 900 Euro verkauft - ein Werbefeldzug. Trotzdem kostet 1 kg auf der Insel ca. 10 €, und sie ist begehrt bei Feinschmeckern und Sterne-Restaurants. Wer sie einmal gegessen hat, weiß dass man außer dieser Kartoffel nichts anderes braucht; selbst Desserts werden davon zubereitet. Sie wurde oft kopiert, aber nie erreicht, denn ausschlaggebend ist nicht nur der Boden und die Sorte, sondern die Düngung mit Algen, die nur vor der Küste von Noirmoutier vorkommen.

Pipi machen

«Ich muss mal Pipi machen» sagt man bei uns, aber «Ich habe Lust Pipi zu machen» in Frankreich. Bei uns ist es ein Befehl («Ich muss»), in Frankreich ist es eine genussvolle Erleichterung.

In der Sauna

sitzt man in Frankreich nicht nackt, es wird ein Badeanzug bzw. eine Badehose getragen; der Anstand verbietet es. Am Strand dürfen Sie aber, falls nicht verboten «Oben ohne» liegen oder an den zahlreichen FKK-Stränden die Hüllen fallen lassen.

Quellen-Nachweis

Neben unseren eigenen Erfahrungen und Wissen wurden unter anderem zur Recherche Inhalte von folgenden Medien hinzugezogen:

TV Sendungen von ARTE

Buch: «Überleben unter Franzosen» von Stephen Clarke
Piper Verlag ISBN 978-3-492-25399

Buch: «111 Gründe Frankreich zu lieben» von Daniela Kahls
Verlag Schwarzkopf & Schwarzkopf ISBN 978-3-8626556-01

Buch: «Fettnäpfchenführer Frankreich» von Bettina Bouju
Conbook-Verlag ISBN 978-3-934918-74-0

9 **Unser Rat zum Abschluss**

Wenn Sie unsere Ratschläge aus diesem Buch befolgen, sich an die gesetzlichen Regeln halten und sich wie ein Gast benehmen, werden Sie nur freundlichen und zuvorkommenden Franzosen begegnen, auch wenn Ihr Französisch bereits nach «Bonjour», «Au revoir» und «Merci» erschöpft ist.

Vergessen Sie einmal im Urlaub Ihren bekannten Discounter, besuchen Sie die Wochenmärkte, Markthallen und die großen Supermärkte. Sie werden viel Neues kennenlernen und erstaunt sein über Frische und Auswahl.

Haben Sie Mut und gehen Sie in einem Lokal essen, welches überwiegend von vielen Einheimischen besucht wird. Sie werden nicht nur kulinarisch überrascht sein, auch Ihre Urlaubskasse wird es Ihnen danken.

Achten Sie auf die Gezeiten. Das Meer ist schneller als Sie.

Bleiben Sie nicht nur an Ihrem Urlaubsort. Erkunden Sie das Umland mit dem Rad oder Fahrzeug. Im Hinterland warten viele historische Dörfer.

Stöbern Sie auf unserer Webseite
www.Frankreich-Mobil-Erleben.de

Viele weitere Empfehlungen zu Parks und Zoos, sehenswerten Orten, dazu Reiseberichte und unzählige Links zu informativen Seiten werden Sie hier finden.

Hinterlassen Sie uns gerne einige Zeilen im Gästebuch oder als Nachricht. Wir freuen uns über jedes Feedback.

Wir wünschen Ihnen einen erholsamen Aufenthalt in Frankreich und eine pannenfreie und gesunde Rückkehr.

10 Register